韩国新闻导读教程

한국 신문 독해 강좌

朱 炜 ◇ 编著

华中科技大学出版社
http://www.hustp.com
中国·武汉

图书在版编目(CIP)数据

韩国新闻导读教程/朱炜编著. —武汉:华中科技大学出版社,2020.7
ISBN 978-7-5680-6268-8

Ⅰ.①韩… Ⅱ.①朱… Ⅲ.①新闻-朝鲜语-教材 Ⅳ.①G210

中国版本图书馆 CIP 数据核字(2020)第 129859 号

韩国新闻导读教程
Hanguo Xinwen Daodu Jiaocheng

朱　炜　编著

责任编辑：刘　平
封面设计：原色设计
责任校对：封力煊
责任监印：周治超

出版发行：华中科技大学出版社(中国·武汉)　　电话：(027)81321913
　　　　　武汉市东湖新技术开发区华工科技园　　邮编：430223
录　　排：华中科技大学惠友文印中心
印　　刷：武汉市洪林印务有限公司
开　　本：787mm×1092mm　1/16
印　　张：12.25　插页：1
字　　数：285 千字
版　　次：2020 年 7 月第 1 版第 1 次印刷
定　　价：36.00 元

本书若有印装质量问题，请向出版社营销中心调换
全国免费服务热线：400-6679-118　　竭诚为您服务
版权所有　侵权必究

前言

编写宗旨

《韩国新闻导读教程》根据朝鲜语（韩国语）专业培养目标设计编写而成。该教材以不同主题下韩国主流媒体在网络上刊登的内容为语言载体，通过真实的背景和地道的语言，让学生了解韩国社会风土人情，加深对语言的综合理解，引导学生正确看待国内外时事热点，培养学生韩国语综合理解能力，尤其是读写能力。

教材特点

本教材为朝鲜语（韩国语）专业报刊选读课程而设计，适用于大专院校朝鲜语（韩国语）专业学生、朝鲜语（韩国语）第二学位学生及同等程度的韩国语学习者训练阅读技能使用，同时也可以作为韩国语学习的辅助教材来使用。

本教材文章选自韩国主流媒体在网络上刊登的内容，包含经济、社会、中国、健康、生活、科学、教育、潮流、体育、人物等十个主题。内容紧跟当今时代脉搏，具有传统性、多样性、趣味性、专业性等特点，旨在通过形式多样的题材激发学生阅读兴趣，让他们在了解韩国社会风土人情的同时提高阅读理解能力。

当今信息时代，网络信息铺天盖地，信息杂、甄别难，教师需要在教学过程中引导学生冷静地观察分析，培养学生去粗取精、去伪存真的鉴别能力，从信息里找到适合自己所用的知识，培养正确的人生观和价值观。

使用说明

本教材共十个单元，包含经济、社会、中国、健康、生活、科学、教育、潮流、体育、人物等主题。每单元包含两课，全书共二十课。每课包含与本单元主题相关的原文、单词、词汇及表达、语法解释及句型使用、练习题、译文等内容。教材最后附词汇索引、语法及句型索引、参考答案、参考资料。

建议每单元4—6学时完成，课堂教学4学时，课后学习2学时。教师可以在课内完成每个单元的其中一课，另一课由学生课后自主学习完成。在具体使用时，各校可根据情况灵活掌握。

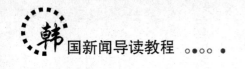

本书简介

现将本教材每课的具体内容介绍如下。

原文：为学习者提供与本单元主题相关的网络报刊内容，原文中出现的语法或句型用下划线提示，教材后面附"语法及句型索引"供参考。

单词：对原文中出现的生词作讲解，教材后面附"词汇索引"供参考。

词汇及表达：对原文中出现的词汇、专有名词等作讲解，教材后面附"词汇索引"供参考。

语法解释及句型使用：对原文中出现的语法及惯用句型作详细讲解，该语法点及惯用句型在其他原文中出现的用例也适当举例并讲解。教材后面附"语法及句型索引"供参考。具体使用方法：比如语法及句型-거나、课文序号-8、语法序号-5、页码-57（3），表示"-거나"的使用方法在第 8 课的"语法解释及句型使用"第 5 条、页码第 57 页上可以找到相关解释，（3）则表示讲解该语法及句型时共引用了本书中的 3 个例句。

练习题：练习题有两种题型，第一种题型要求选择与原文相符的内容，教材后面附"参考答案"；第二种题型为两道问答题，要求根据原文内容找出答案，用韩语完成书写。

译文：为便于学习者更好地掌握原文内容，本教材为每课内容提供了中文翻译供学习者参考。

本教材由华中科技大学外国语学院韩语教师编写和审定，由于编者才疏学浅，时间仓促，书中难免有不尽完善之处，希望广大读者和同人不吝赐教。

朱　炜

2019 年 6 月于华中科技大学

目录

1 단원 경제　一单元　经济 **1**
　제1과　12월 소비자물가 1.3% 상승, 연간 상승률은 1.5% 1
　제2과　IT "12월 1일 세계최초 5G 송출"…정부, 5G 서비스 '공식화' 9

2 단원 사회　二单元　社会 **16**
　제3과　직장인 일주일 평균 49시간 55분 일해 16
　제4과　일본 약대 진학하는 한국 예비 약사들 25

3 단원 중국　三单元　中国 **33**
　제5과　'시속 250km' 中 첫 고속철용 해저 터널 추진 33
　제6과　中, 인류 최초로 달 뒷면 탐사선 발사 성공 40

4 단원 건강　四单元　健康 **47**
　제7과　하루 믹스커피 5잔 먹으면 발생할 수 있는 질환 47
　제8과　잠들기 직전에 하는 운동, 숙면에 방해될까 53

5 단원 생활　五单元　生活 **60**
　제9과　지구 평균기온, 최근 4년간 1~4위 60
　제10과　"매출 1위보다 품질 승부…오래 쓰는 가구가 목표" 67

6 단원 과학　六单元　科学 **78**
　제11과　시속 320km…세계서 가장 빠른 턱을 지닌 개미 78
　제12과　임산부, 소음에 장기간 노출되면 조산위험 1.4배 높다 85

7단원 교육 七单元 教育 91
제13과 교육부 학자금 대출 장기연체이자 은행보다 최대 3.8% 높아 91
제14과 "학교 부적응으로 학업 중단한 중•고생 90% 대안교육 없이 학교
         떠나" 99

8단원 유행 八单元 潮流 105
제15과 망고포도•자두살구…못보던 새 과일 '불티' 105
제16과 불황 맞아 명품판매 고공행진…20대가 '큰 손' 111

9단원 스포츠 九单元 体育 119
제17과 평창 올림픽, 전 세계에 전한 개막 메시지는 '평화' 119
제18과 김연아·여자 아이스하키 남북 단일팀,
         'ANOC 어워즈 2018' 수상 128

10단원 피플 十单元 人物 134
제19과 "대한민국 유일무이 '가요계 여제'의 명불허전 행보!" 134
제20과 루브르 피라미드 박물관의 주인공,
         <이오 밍 페이 (I.M.Pei)> 143

어휘 색인 词汇索引 156

문법 및 문장 표현 색인 语法及句型索引 185

정답 参考答案 190

참고자료 参考资料 191

1단원 경제

一单元 经济

제1과　12월 소비자물가 1.3% 상승, 연간 상승률은 1.5%

📄 본문 原文

　12월 소비자물가가 전년대비 1.3% 상승하며 상승률이 석 달 만에 1%대로 내려왔다. 국제유가가 급격하게 하락하면서 공업제품과 전기·수도·가스, 서비스 가격 모두 상승폭이 둔화됐기 때문이다. 소비자 물가상승률은 2018년 연간으로는 1.5% 상승하며 2017년(1.9%)보다 0.4%포인트(p) 낮아졌다.
　한국은행의 통화정책 결정에 영향을 미치는 근원 물가상승률(변동성이 심한 식료품 및 석유류 제외지수)은 전년비 1.1% 상승에 그쳐 경기둔화로 수요측 물가상승 압력이 높지 않게 유지되고 있다는 걸 보여줬다.
　통계청이 31일 발표한 '12월 소비자물가 동향'에 따르면 지난달 소비자물가는 전년동월대비 1.3% 상승했지만. 전월대비로는 0.3% 하락했다. 지난 9월부터 11월까지 유지됐던 2%대 물가상승률이 다시 1%대로 후퇴한 것이다.
　2018년 연간 소비자물가 상승률은 1.5%를 기록해 2012년 이후 6년간 연간 물가상승률이 1%대를 기록하게 됐다.
　수요측 물가 압력을 보여주는 근원 물가상승률은 지난달과 변동이 없었지만, 지난해 12월에 비해서는 1.1% 상승했다. 2018년 연간 근원 물가상승률도 1.2%에 그쳤다. 근원 물가상승률은 지난 2015년 2.4%를 기록한

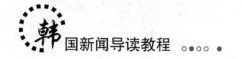

이후 3년째 내림세를 나타내고 있다. 전반적으로 성장세가 약화되면서 수요측 물가상승 압력이 낮아지는 현상이 장기화되고 있는 것으로 볼 수 있다.

소비자물가지수 주요 등락률

구분		연도별 동향(전년비)			최근 월별 동향(전년동월비)			
		2016	2017	2018	'18년 9월	10월	11월	12월
소비자물가지수		1.0	1.9	1.5	2.1	2.0	2.0	1.3%
농산물 및 석유류 제외지수		1.6	1.5	1.2	1.3	1.2	1.4	1.3%
식료품 및 에너지 제외지수		1.9	1.5	1.2	1.1	1.0	1.2	1.1%
생활물가지수		0.7	2.5	1.6	2.5	2.6	2.3	1.3%
신선식품지수		6.5	6.2	3.6	11.0	11.2	10.5	6.6%
품목 성질별	농축수산물	3.8	5.5	3.7	8.6	8.5	7.6	5.2%
	공업제품	-0.5	1.4	1.3	1.8	1.8	1.4	0.1%
	전기·수도·가스	-9.2	-1.4	-2.9	-1.8	-1.9	1.5	1.4%
	서비스	2.3	2.0	1.6	1.6	1.5	1.7	1.5%

자료=통계청

통계청 관계자는 "올해 내내 상승세를 보였던 국제유가가 최근들어 하락세로 방향을 틀었고, 농축산물, 석유류, 집세 등이 상승폭을 축소하고 있는 것이 12월 소비자물가상승률이 낮아진 것에 영향을 미쳤다"고 말했다.

12월 물가상승률이 둔화된 것은 국제유가 하락 영향이 컸다. 석유류 가격은 전월비 7.7%, 전년비 2.8% 하락했다. 석유류 가격이 하락한 것은 2016년 11월(-2.5%) 이후 2년 1개월만이다. 휘발유(-9.2%), 경유(-6.8%), 자동차용 LPG(-5.4%) 등의 가격이 지난달에 비해 하락했다. 이에 영향 받아 공업제품은 전년비 0.1% 상승했지만, 전월비로는 1.0% 하락했다.

농축산물 가격은 전년비 5.2%, 전월비 0.1% 상승하는 등 상승세가 지속됐다. 채소류 가격은 전년비 10.7%, 전월비 0.3% 상승했다. 수산물은 전년비 1.7%, 전월비 0.1% 상승한 반면 축산물은 전월비 0.5%, 전년비 2.4% 하락했다.

품목별로는 오이(24.0%), 감자(9.0%) 등의 전월비 상승률이 높았다. 반면, 토마토(-16.0%), 파프리카(-30.3%), 배추(-12.5%) 등의 가격 하락폭이 커졌다. 전년비로는 쌀(23.8%), 토마토(30.2%), 낙지(33.4%), 배(29.5%) 등의 상승률이 높았고, 돼지고기(-6.9%), 양파(-31.2%), 달걀(-14.5%) 등은 가격 하락폭이 컸다.

최저임금의 급격한 인상 등에 따라 줄줄이 인상된 외식비와 개인 서비스 가격도 높은 수준을 유지했다. 일부 프랜차이즈를 중심으로 가격이 인상된 빵값은 전년비 7.4% 올랐다. 외식 서비스는 전년 대비 3.1%, 전월비 0.2% 상승했다.

가사도우미료(11.4%), 공동주택관리비(3.1%), 구내식당식사비(3.3%)가 가격 상승을 이끌었다.

2018년 12월 31일 〈조선일보〉

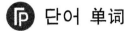 **단어 单词**

상승률[名词]上涨率,上升率
하락하다[自动词]下落,价格下跌
그치다[自动词]停止,停留,止,保持
둔화되다[自动词]变缓,放慢,减缓
포인트[名词]关键,核心,得分,点
식료품[名词]食品原料
제외[名词]除外
지수[名词]指数
근원[名词]根源,根本
통계청[名词]统计厅,统计局
동향[名词]动向,趋势,走向
전반적[名词][冠形词]全面的,全盘的
내림세[名词](物价或行情的)下降趋势,回落趋势,跌势
내내[副词]自始至终,一直
하락세[名词]下降趋势
하락폭[名词]下降幅度
성장세[名词]增长势头
상승폭[名词]涨幅
장기화되다[自动词]长期化
휘발유[名词]汽油
경유[名词]轻油
반면[名词][副词]相反,然而,但是,反之
수산물[名词]水产品
축산물[名词]畜产品
집세[名词]房租
축소하다[他动词]缩减,缩小
별[后缀词]按(不同对象)
파프리카[名词]甜椒,红辣椒粉
낙지[名词]章鱼
달걀[名词]鸡蛋
인상[名词]抬高,上涨,增加
줄줄이[副词]连续地,接连不断地
수준[名词]水准,水平,标准,程度
프랜차이즈[名词]特许经销权,专卖权

어휘와 표현 词汇及表达

소비자물가 居民消费价格指数
석 달 三个月
전년대비, 전년비 同比，与去年同期相比
전월비, 전년동월대비 同比，与去年同期相比
급격하게 急剧地
경기둔화 经济增长放慢，经济停滞
자동차용 LPG 汽车用液化石油气
채소류 蔬菜类
최저임금 最低工资标准
가사도우미료 家政服务费
공동주택관리비 公共住宅物业费
구내식당식사비 食堂伙食费
근원 물가상승률 基本物价上涨率
방향을 틀다 转变方向

문법 해석 및 문장 표현 语法解释及句型使用

1. 에 비해

句型，由助词"에"、动词"비하다"的活用形式"비해"组合而成，接在名词后面，表示"同比……，与……相比，相比……而言"的意思。

例① 자동차용 LPG 가격이 지난달에 비해 하락했다. （제 1 과）
汽车 LPG 价格较上月有所回落。

例② 전 지구 평균기온은 1850~1900 년에 비해 약 1 도 높았다. （제 9 과）
全球平均气温与1850—1900年相比约上升了1度。

2. 대비

名词，对比、比较、对照。"대비"也可省略为"비"。

例① 소비자물가가 전년대비 1.3% 상승했다. （제 1 과）
居民消费价格指数同比去年上涨1.3%。

例② 지난달 소비자물가는 전년동월대비 1.3% 상승했다. （제 1 과）
上月居民消费物价指数较去年同月上升了1.3%。

例③ 채소류 가격은 전년비 10.7%, 전월비 0.3% 상승했다. （제 1 과）
蔬菜类价格相比去年和上个月分别上升10.7%，0.3%。

3. -별로는

句型，由后缀词"-별"、助词"로"、助词"는"组合而成，接在名词之后，表

1 단원 경제

示"按……分"的意思，也可以在名词后面直接接"-별"。

例① 품목별로는 오이, 감자 등의 전월비 상승률이 높았다. （제 1 과）
按单个品种看，同比上月，黄瓜、土豆等涨幅较大。

例② 직무별 근무시간은 생산•현장직이 51 시간 49 분으로 가장 높게 나타났다. （제 3 과）
按职务区分，生产线职工的工作时间最长，为 51 小时 49 分钟。

例③ 기업 유형별로는 중소기업의 주당 근무시간이 평균 49 시간 58 분으로 가장 길었다. （제 3 과）
按企业类别分，中小企业的每周平均工作时间最长，为 49 个小时 58 分钟。

4. 에 따라

句型，由助词"에"、动词"따르다"的活用形式"따라"组合而成，接在名词或代词或名词性句型后，表示"……导致，根据……，按照……"的意思，也可以使用由助词"에"、动词"따르다"的活用形式"따른"或者"따르면"组成"에 따른"或者"에 따르면"的句型。

例① 최저임금의 급격한 인상 등에 따라 줄줄이 인상된 외식비와 개인 서비스 가격도 높은 수준을 유지했다. （제 1 과）
最低工资急剧上涨，导致就餐费、个人服务费连带上涨。
☞ 最低工资上涨等因素导致……。

例② 과학기술정보통신부는 이통 3 사가 2018 년도분 주파수 할당대가를 납부함에 따라 주파수 할당 통지서를 배부했다. （제 2 과）
韩国科学技术信息通讯部透露，在 2018 年早些时候，韩国三大电信供应商（SKT、KT 和 LG U+）在缴纳频谱分摊费后分别获得项目参与权。

例③ 야근을 직원 개인의 선택에 따라 자유롭게 할 수 있다. （제 3 과）
晚上是否加班可以根据职工个人需求自由决定。

例④ 현지 매체 보도에 따르면, 진탕（金塘）해저 고속철 터널의 총 길이는 16.2km 에 달한다. （제 5 과）
根据当地媒体报道，金塘海底隧道全长 16.2 公里。

例⑤ 지구 온난화에 따른 북극 해빙 면적은 올해 내내 평년보다 매우 적었다. （제 9 과）
地球变暖导致今年北极海冰面积持续缩小。

例⑥ '학업 중단자 현황자료'에 따르면 2014 년 2240 명이 학업을 중단했다. （제 14 과）
据"退学现况资料"，2014 年 2240 人退学。

例⑦ 10 일 신세계백화점에 따르면 올 들어 11 월까지 명품 매출은 지난해 같은 기간보다 19.2% 늘었다. （제 16 과）
根据新世界百货店 10 日给出的数据，截至今年 11 月份，新世界百货店奢侈品销售额同比增长 19.2%。

☞ "根据新世界百货店"译为"根据新世界百货店给出的数据"。

5. 에 그쳐

句型，由助词"에"、动词"그치다"的活用形式"그쳐"组合而成，放在名词或代词或名词性句型后，表示"仅停留在……，只是……而已"的意思，也可以使用"에 그치다"的句型。

例① 물가상승률은 전년비 1.1% 상승에 그쳐 경기둔화로 수요측 물가상승 압력이 높지 않게 유지되고 있다는 걸 보여줬다. （제 1 과）
物价上涨率同比去年仅增长了1.1%，显示出经济疲软、需求不旺、物价维持低水平的状况。

☞ 物价上涨率同比去年涨了1.1%就停止了。

例② 출퇴근 시간이 고정됐다는 직장인들의 경우 만족할만한 성과를 낸다는 응답이 33.8%로 절반 수준에 그쳤다. （제 3 과）
认为自己上下班时间比较固定的人群中，只有33.8%的人认为自己在工作单位获得了满意的成效，仅为上班时间比较灵活这一组的一半人数。

☞ 33.8%仅为（另一组）的一半水平。

例③ 30~40 대의 명품 매출 신장률은 10%대였고, 50~60 대는 한 자릿수에 그쳤다. （제 16 과）
30岁年龄段人群的奢侈品购买增长率为10%，50—60年龄段人群的奢侈品购买增长率只停留在个位数。

6. 에 영향 받아

句型，由助词"에"、词组"영향 받다"的活用形式"영향 받아"组合而成，放在名词或代词或名词性句型后面，表示"受……影响"的意思。

例 이에 영향 받아 공업제품은 전년비 0.1% 상승했지만, 전월비로는 1.0% 하락했다. （제 1 과）
受此影响，工业产品与去年同比虽有0.1%的涨幅，但较上个月已有1.0%的回落。

7. 반면

名词、副词，表示"相反，然而，但是，反之"的意思。

例① 수산물은 전년비 1.7%, 전월비 0.1% 상승한 반면 축산물은 전월비 0.5%, 전년비 2.4% 하락했다. （제 1 과）
水产品较去年上涨1.7%，较上月上涨0.1%。相反，畜产品较上月下跌0.5%，较去年下跌2.4%。

例② 반면 출퇴근 시간이 고정됐다는 직장인들의 경우 만족할만한 성과를 낸다는 응답이 33.8%로 절반 수준에 그쳤다. （제 3 과）
反之，认为自己上下班时间比较固定的人群中，只有33.8%的人认为自己在工作单位获得了满意的成效，仅为上班时间比较灵活这一组的一半人数。

연습 문제 练习题

1. 다음 내용 중 본문 내용과 같은 것을 고르십시오. (　　)
请选出下面内容中与本文内容相同的选项。
1) 12월 소비자물가 상승률은 3개월만에 2%대에서 1%대로 내렸다.
2) 2018년 연간 소비자물가상승률은 1.3%를 기록했다.
3) 국제유가는 2018년 12월까지 계속 상승했다.
4) 전년비로 쌀, 토마토, 양파 등의 상승률이 매우 높았다.

2. 본문 내용을 읽고 다음 질문에 답해 보십시오.
阅读本课内容后请回答以下问题。
1) 최근 3년 동안 소비자물가지수에 대해 이야기해 보십시오.

2) 최저임금이 급격하게 인상하면 서비스 업종에 어떤 영향을 미칠 수 있습니까?

번역문 译文

第1课　居民消费价格指数12月份增长1.3%，年度增长率为1.5%

12月份居民消费价格指数同比增长1.3%，增长率为三个月来最低，跌到1%的水平。这是因为国际油价急剧下滑，同时工业产品、水电煤气以及服务费涨幅缩小的原因。居民消费物价指数2018年度增长率为1.5%，较2017年度1.9%的增长率下滑了0.4%。

消费价格增长率是决定韩国银行货币政策的重要指标，今年居民消费价格指数（除去波动较大的食材价格和石油价格）同比仅增长1.1%，显示出经济疲软、需求不旺、物价维持低水平的状况。

统计局31日发布"12月份居民消费物价动向"报告。该报告指出，上月居民消费物价指数较去年同月虽然上升了1.3%，但较上月下降了0.3%。从9月到11月一直保持2%增长水平的居民消费价格指数重新降到1%的增长水平。

2018年居民消费价格指数涨幅为1.5%，致使居民消费价格指数自2012年以来持续六年均维持在1%的增长水平。

需求方物价压力是基本物价上涨率的重要指标，本月物价上涨率较上个月没有变动，但与去年同期相比上升1.1%。2018年度基本物价上涨率停留在1.2%，继2015

年 2.4%的涨幅后持续三年呈回落趋势。可以看出，总体上升趋势减缓，同时需求方物价压力偏低的现象将持续。

统计局有关人员表示："今年持续上涨的油价近来扭转方向，开始下跌，农畜产品、石油、房租的涨幅缩减导致 12 月份居民消费价格上涨幅度也缩减。"

12 月份居民消费价格上涨迟缓主要受到国际油价下滑的影响。石油价格与上月相比下降 7.7%，与去年同期相比下降 2.8%。自 2016 年 11 月（-2.5%）以来，石油价格在两年一个月后首次开始下滑。汽油（-9.2%）、轻油（-6.8%）、汽车液化气（-5.4%）较上个月都有所回落。受此影响，工业产品与去年同比虽有 0.1%的涨幅，但较上个月已有 1.0%的回落。

农畜产品价格继续保持上涨趋势，较去年上涨 5.2%，较上月上涨 0.1%。蔬菜类价格较去年上涨 10.7%，较上月上涨 0.3%。水产品较去年上涨 1.7%，较上月上涨 0.1%。相反，畜产品较上月下跌 0.5%，较去年下跌 2.4%。

按单个品种看，同比上月，黄瓜（24.0%）、土豆（9.0%）等涨幅较大，相反，西红柿（-16.0%）、甜椒（-30.3%）、白菜（-12.5%）等跌幅较大。此外，同比去年大米（23.8%）、西红柿（30.2%）、章鱼（33.4%）、梨（29.5%）等涨幅较大，猪肉（-6.9%）、洋葱（-31.2%）、鸡蛋（-14.5%）等跌幅较大。

最低工资急剧上涨，导致就餐费、个人服务费连带上涨，另外，一部分专卖店的价格也在提高，比如面包店的面包价格同比去年上涨 7.4%，餐厅就餐费同比去年上涨 3.1%，同比上月上涨 0.2%。家政服务费（11.4%）、公共住宅物业费（3.1%）、食堂伙食费（3.3%）均有不同程度的上升。

2018 年 12 月 31 日《朝鲜日报》

제2과 IT "12월 1일 세계최초 5G 송출"…정부, 5G 서비스 '공식화'

본문 原文

　오는 12월 1일 우리나라가 세계 최초로 5세대(5G) 이동통신 서비스를 시작한다.
　과학기술정보통신부는 이통 3사가 2018년도분 주파수 할당대가[①]를 납부함에 따라 주파수 할당 통지서를 배부했고, 12월 1일 밤 12시부터 5G 서비스를 위한 전파를 발사한다고 30일 공식적으로 선언했다.
　유영민 과기정통부 장관은 "그동안 민·관이 합심해 착실하게 노력한 결과 대한민국이 세계 어느 나라보다도 앞서 5G 상용화가 가능한 여건을 마련하게 됐다"면서 "앞으로도 정부는 국민께서 세계 최고의 5G 서비스를 마음껏 누릴 수 있는 환경을 조성하는 데 총력을 다할 것"이라고 밝혔다.
　이통 3사는 5G 데이터와 와이파이 데이터를 상호 변환해 노트북 PC나 태블릿 PC 등 기기에 연결하는 동글 단말을 통해 서비스를 시작할 예정이다. 내년 3월 5G 스마트폰이 출시되기전까지는 동글 단말을 통한 기업간(B2B) 서비스가 주류를 이룰 전망이다.
　정부는 지난해 12월 5G 상용화 로드맵을 제시한 후 △평창올림픽 시범서비스(올해 2월) △주파수 경매(6월) △무선설비 기술기준 마련(8월) △기지국·단말 전파인증(10~11월) △서비스 이용약관 신고(11월) 등을 준비했다.
　한편 유 장관은 최근 발생한 KT 아현지사 화재와 관련 "5G 시대에는 통신 인프라의 안전 확보가 더 중요해질 것"이라면서 "정부는 이번 사고를 계기로 경각심을 갖고 안전한 5G 이용환경을 조성하는 데 최선을 다해 노력할 것"이라고 강조했다.

2018년 11월 30일 〈동아일보〉

---

① 2018年6月5日，韩国三大电信供应商向韩国科学技术信息通讯部递交了5G 商用化频谱分摊计划书和保证金。6月18日公布的结果显示，三家运营商以3.6183万亿韩元的总价瓜分了3.5 GHz 和28 GHz 两个频段,SK 电讯获得3.6~3.7, 3.42~3.5 GHz, 28.1~28.9 GHz 频段, KT 获得3.5~3.6, 3.42~3.5 GHz, 26.5~27.3 GHz 频段, LG U+获得3.42~3.5 GHz, 27.3~28.1 GHz 频段。三家运营商分别支付了1.4258万亿韩元、1.1758万亿韩元和1.0167万亿韩元。

단어 单词

송출[名词]（电、气、电波、信息等的）发送，传送
공식화[名词]正式化，公式化，程序化，形式化，模式化
분[后缀词]份儿
주파수[名词]频谱
할당[名词]分担，分摊
대가[名词]代价，补偿，报酬
납부하다[他动词]缴付，交纳
배부하다[他动词]发行，分发
전파[名词]电波
발사하다[他动词]发射，开
공식적[名词][冠形词]正式的，公式化的，程式化的，形式化的，模式化的
선언하다[他动词]（国家或集团）宣布，宣称，公布，声明
민·관[名词]民、政
합심하다[自动词]齐心，同心，一条心
착실하다[形容词]充足，充分，充实
앞서[副词]先，前，先前，事先，事前
마음껏[副词]尽情地，全心全意地，诚心诚意地
누리다[他动词]享受，享用
조성하다[他动词]建成，制造，造成，构建，设置
총력[名词]全力
밝히다[他动词]宣布，公布，照亮
데이터[名词]资料，数据
와이파이[名词]无线网（Wi-Fi）
변환하다[动词]变换，改变，转变，转换，变迁
태블릿[名词]平板
단말[名词]终端
예정[名词]预定，计划，打算
출시되다[自动词]上市
전망[名词]前景，前途
상용화[名词]商业化
로드맵[名词]产品开发说明会
기준[名词]标准，基准，准则
기지국[名词]基地站，地面站
한편[名词]同时，另一方面
인프라[名词]基础设施

계기[名词]契机，动因，转机
경각심[名词]警惕心
갖다[他动词]有，拿，怀着，拥有，保持

어휘와 표현 词汇及表达

과기정통부 科学技术信息通讯部（Ministry of Science and ICT）
유영민[人名]俞英民（音译），韩国科学技术信息通讯部部长
아현[地名]阿岘，位于首尔市麻浦区
5세대 第5代
전파인증 电磁波认证
이용약관 使用条款

문법 해석 및 문장 표현 语法解释及句型使用

1. -껏

   构成副词的后缀词，接在名词后，使名词成为副词。表示"尽量，尽情，尽心"的意思。

   例 세계 최고의 5G 서비스를 마음껏 누릴 수 있다.（제 2 과）
   可以顺畅使用世界上网速最快的 5G 服务。
   ☞ 表示可以尽情享用，翻译为"可以顺畅使用"。

2. 계기로

   句型，由名词"계기"、助词"로"组合而成，表示"以……为契机，以……为转折点"。

   例① 정부는 이번 사고를 계기로 경각심을 갖는다.（제 2 과）
   本次事故敲响了警钟，政府要全面提高安全防范意识。
   ☞ 表示以本次事故作为转折点。

   例② 매체들은 융저우 철도 완공을 계기로, 기존의 '대교 시대'에서 '고속철 시대'로 전환될 것이다.（제 5 과）
   媒体表示，甬舟铁路的建成将标志着舟山地区的交通从"大桥时代"走向"高铁时代"。
   ☞ 表示以铁路建成为契机。

3. -(으)ㄴ 결과

   句型，由语尾"-(으)ㄴ"、名词"결과"组合而成。"-은 결과"接在有收音（除收音"ㄹ"）的动词词干后，"-ㄴ 결과"接在没有收音的动词词干或以收音"ㄹ"结尾的动词词干后面，表示某事实施后发生的结果或状态。

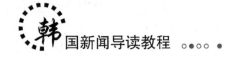

例① 그동안 민·관이 합심해 착실하게 노력<u>한 결과</u> 대한민국이 세계 어느 나라보다도 앞서 5G 상용화가 가능한 여건을 마련하게 됐다. (제 2 과)

在民政部门双管齐下、齐心协力、共同努力的情况下，韩国已在全球率先拥有 5G 商用服务的设备条件。

☞ 努力后的结果。

例② 휴일근로를 포함한 야근 등 연장근무 여부를 스스로 선택할 수 있는지를 물<u>은 결과</u> 53.9%가 '필요에 따라 선택적으로 할 수 있다'고 답했다. (제 3 과)

对"公休日加班、晚上加班是否有选择权"这一问题的回答显示：53.9%的人回答"根据需要可以做出选择"。

☞ 询问后的结果。

例③ 교수팀은 운동과 수면의 상관관계를 연구한 기존 23 개의 논문을 메타분석<u>한 결과</u> "저~중강도의 운동은 수면의 질에 어떤 영향도 미치지 않으며 오히려 숙면에 도움을 줄 수도 있다"고 밝혔다. (제 8 과)

教授团队对运动和睡眠相关的 23 篇论文进行了综合分析，并指出："睡前适度运动并不会对睡眠产生任何负面影响，反而对深度睡眠有帮助。"

☞ 分析后的结果。

例④ 감사원은 '대학생 학자금 지원사업 추진실태'를 감사<u>한 결과</u> 학자금 대출제도 설계·운영의 불합리한 점을 적발했다. (제 13 과)

审计局针对"大学生助学贷款等资助项目的实际推进情况"进行调查，结果暴露出助学贷款项目在设计和运营上均存在不合理的环节。

☞ 检查后的结果。

例⑤ 감사원이 2018 년 일반상환 대출 6 개월 이상 연체자 3 만 6 천여 명에게 시중은행 가산금리를 적용해 계산<u>한 결과</u> 이들은 20 억원 가량의 이자를 더내는 것으로 산출됐다. (제 13 과)

审计局对 2018 年拖欠还款 6 个月以上的 36000 余人进行了调查，根据商业银行贷款利率差额进行核算后发现，这批人缴纳的滞纳金比商业银行要求的多了 20 亿韩币左右。

☞ 计算后的结果。

例⑥ 감사원이 2016 년 2 학기 이후 대출자를 확인<u>한 결과</u> 3 분위 이하 대학생 4 만 4 천여 명은…. (제 13 과)

审计局对 2016 年第二学期以后申请助学金贷款的学生进行核实后发现，有 44000 余名收入等级 3 级以下的大学生……

☞ 核实后的结果。

4. -는 데 총력 다하다/최선을 다하다/도움을 주다/도움이 되다

句型，由语尾"-는"、依存名词"데"、词组"총력 다하다/최선을 다하다/도움을 주다/도움이 되다"组合而成，接在动词词干和"있다""없다"词干后面，表示"致力于做某事，给某事提供帮助"的意思。

◦●◦◦ • 1단원 경제

　　例① 정부는 국민께서 세계 최고의 5G 서비스를 마음껏 누릴 수 있는 환경을 조성하는 데 총력을 다할 것이다. (제2과)
　　政府将致力于打造良好的5G商用服务环境，让国民顺畅使用。
　　☞ "세계 최고의 5G 서비스"翻译成"打造良好的5G商用服务环境"。
　　例② 정부는 안전한 5G 이용환경을 조성하는 데 최선을 다해 노력할 것이다. (제2과)
　　政府为打造安全、快速的5G商用服务环境而努力。
　　例③ 여행객을 저우산으로 유입시키는 데 도움을 줄 전망이다. (제5과)
　　为游客来舟山旅游提供便利。
　　例④ 이는 달과 우주에 대한 인류의 이해를 증진하는 데 도움이 될 것이다. (제6과)
　　这将有利于人类对月球和宇宙的探索。
　　☞ 为人类探索月球和宇宙带来帮助。

5. -(으)ㄹ 전망

　　句型，由语尾"-(으)ㄹ"、名词"전망"组合而成。"-을 전망"接在有收音（除了收音"ㄹ"）的动词后面，"-ㄹ 전망"接在没有收音的动词词干或以收音"ㄹ"结尾的动词词干后面，表示事件或动作将要发生，相当于汉语的"预计、将要"。
　　例① 내년 3월 5G 스마트폰이 출시되기전까지는 동글 단말을 통한 기업간(B2B) 서비스가 주류를 이룰 전망이다. (제2과)
　　到明年3月5G手机信号服务上市之前，预计市面上主要通过无线网卡终端为企业（B2B）提供服务。
　　例② 닝보(宁波)~저우산(舟山) 구간을 30분으로 단축시킬 전망이다. (제5과)
　　宁波-舟山区间车程将缩短至30分钟。
　　例③ 철도가 완공되면, 닝보에서 저우산까지 이동할 때 지금처럼 해상대교를 건너는 방식에 고속철을 이용하는 선택지가 추가될 전망이다. (제5과)
　　铁路完工后，宁波至舟山的交通方式除了像现在一样利用跨海大桥以外，还可以选择高铁。
　　☞ 铁路的建成将为人们提供另一种过江方式。
　　例④ 융저우 철도의 기능은 특히 관광객 유입에 초점이 맞춰져 있으며, 각 도시를 오가는 유동 인구 수송 역할도 담당할 전망이다. (제5과)
　　甬舟铁路的焦点将集中在引入旅客方面,同时该铁路还将承担城市之间流动人口的输送任务。
　　例⑤ 무엇보다 융저우 철도는 저장성 도시들을 '고속철 1시간 생활권'으로 조성해, 저장성 자유무역구(浙江自贸区)의 발전에 날개를 달아줄 전망이다. (제5과)
　　此外，浙江省城市间形成"一个小时生活圈"，这使得浙江省自由贸易区的发展如虎添翼。

6. -다고 밝히다, -ㄴ/는다고 밝히다, -라고 밝히다

句型，由语尾"-다"、表示引用的助词"고"、动词"밝히다"组合而成，或由语尾"-ㄴ/는"、语尾"-다"、表示引用的助词"고"、动词"밝히다"组合而成，或由语尾"-라"、表示引用的助词"고"、动词"밝히다"组合而成。"-다고 밝히다"用于形容词词干或语尾"-았/었/였-，-겠-"或"있다/없다"词干后面。"-는다고 밝히다"接在有收音（除收音"ㄹ"）的动词词干后面，"-ㄴ다고 밝히다"接在没有收音的动词词干后面或以收音"ㄹ"结尾的动词词干后面，"-라고 밝히다"接在"이다"或"아니다"词干后。表示转述从别人那里听到的内容，或者表达句子主语的想法或意见等，相当于汉语的"公布……，发布……"。

例① 잡코리아가 직장인 일주일 평균 49 시간 55 분 일한다고 17 일 밝혔다. (제 3 과)

Job Korea 公司 17 日公布，上班族一周的平均工作时间为 49 小时 55 分钟。

例② 제유진 교수팀은 우리나라 성인 8387 명의 임상데이터를 분석해 이같이 결과를 확인했다고 8 일 밝혔다. (제 7 과)

齐优贞（音译）教授团队对我国 8387 名公民的临场数据进行分析后，公布了上述研究结果。

例③ 크리스티나 스펭글러 교수팀은 "저~중강도의 운동은 수면의 질에 어떤 영향도 미치지 않으며 오히려 숙면에 도움을 줄 수도 있다"고 밝혔다. (제 8 과)

克丽丝蒂娜·斯宾格勒教授团队指出："睡前适度运动并不会对睡眠产生任何负面影响，反而对深度睡眠有帮助。"

例④ 감사원은 학자금 대출제도 설계•운영의 불합리한 점을 적발, 교육부 장관에게 개선을 요구했다고 13 일 밝혔다. (제 13 과)

审计局已于 13 日向教育部部长指出，助学贷款项目在设计和运营上均存在不合理的环节，并对此提出了整改要求。

例⑤ 앞으로도 정부는 국민께서 세계 최고의 5G 서비스를 마음껏 누릴 수 있는 환경을 조성하는 데 총력을 다할 것이라고 밝혔다. (제 2 과)

他表示，政府将致力于打造良好的 5G 商用服务环境，让国民顺畅使用，让韩国成为全球 5G 商用服务网速最快的国家。

연습 문제 练习题

1. 다음 내용 중 본문 내용과 같은 것을 고르십시오. (　　)
请选出下面内容中与本文内容相同的选项。

1) 5G 서비스 전파는 12 월 1 일 12 시부터 발사한다.
2) 12 월 1 일부터 노트북 PC, 태블릿 PC, 스마트폰 등 기기에 5G 서비스를 제공한다.
3) 정부는 평창올림픽 때 5G 시범 서비스를 제공했다.
4) 5G 스마트폰은 12 월 1 일부터 사용이 가능하다.

2. 본문 내용을 읽고 다음 질문에 답해 보십시오.
阅读本课内容后请回答以下问题。

1）올해 5G 상용화 관련 사업 진행과정에 대해 이야기해 보십시오.

2）5G 서비스가 PC 나 스마트폰 등 기기에 연결하는 방법을 이야기해 보십시오.

번역문 译文

第 2 课　12 月 1 日全球首次发送 5G 信号，5G 商用服务即将开启

　　韩国科学技术信息通讯部于 11 月 30 日正式宣布，12 月 1 日晚 12 点起正式传输 5G 信号，全球 5G 移动通信将在韩国首次实现商用服务。韩国科学技术信息通讯部还透露，2018 年早些时候，韩国三大电信供应商（SKT、KT 和 LG U+）根据缴纳的频谱分摊费获得了相应额度的项目参与权。

　　俞英民（音译）部长表示："在民政部门双管齐下、齐心协力、共同努力的情况下，韩国已在全球率先拥有 5G 商用服务的设备条件。政府将致力于打造良好的 5G 商用服务环境，让国民顺畅使用，让韩国成为全球 5G 商用服务网速最快的国家。"

　　5G 商用服务将由三家移动公司变换 5G 数据和无线网络数据信息后，通过连接电脑、平板等设备的无线网卡终端提供服务。到明年 3 月 5G 手机信号服务上市之前，预计市面上主要通过无线网卡终端为企业（B2B）提供服务。

　　政府去年 12 月正式启动 5G 商用服务，并举办产品开发说明会；今年 2 月在平昌冬奥会上进行了试用服务；6 月举行频谱区域拍卖会；8 月制定无线装备技术标准；10—11 月进行基站建设和终端信号传送认证；11 月申请服务使用条款。

　　另一方面，俞部长就前不久发生的 KT 阿岘分社火灾事故指出："5G 时代通信设备基础建设的安全性尤其重要。"他强调说："本次事故敲响了警钟，政府要全面提高安全防范意识，为打造安全、快速的 5G 商用服务环境而努力。"

2018 年 11 月 30 日《东亚日报》

2단원 사회

二单元　社会

제 3 과　직장인 일주일 평균 49 시간 55 분 일해

📄 본문　原文

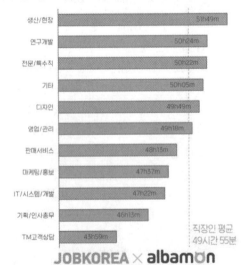

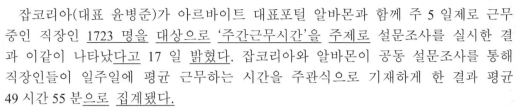

　잡코리아(대표 윤병준)가 아르바이트 대표포털 알바몬과 함께 주 5 일제로 근무 중인 직장인 1723 명을 대상으로 '주간근무시간'을 주제로 설문조사를 실시한 결과 이같이 나타났다고 17 일 밝혔다. 잡코리아와 알바몬이 공동 설문조사를 통해 직장인들이 일주일에 평균 근무하는 시간을 주관식으로 기재하게 한 결과 평균 49 시간 55 분으로 집계됐다.
　직무별 근무시간은 생산·현장직이 51 시간 49 분으로 가장 높게 나타난 가운데 연구개발, 전문·특수직도 주간 근무시간이 50 시간을 넘고 있었다.
　직무별 근무시간을 살펴 보면 ▲생산·현장직이 51 시간 49 분으로 가장 높았다. 이어 ▲연구개발(50 시간 24 분), ▲전문·특수직(50 시간 22 분), ▲기타(50 시간 5 분) 직무의 일주일 평균 근로시간도 50 시간 이상으로 비교적 높게 나타났다. 주당 근무시간이 가장 낮은 직군은 ▲TM고객상담으로 43 시간 59 분이었으며, ▲기획·인사총무(46 시간 13 분), ▲IT·시스템·개발(47 시간 22 분)등이 뒤를 이었다.
　기업 유형별로는 ▲중소기업의 주당 근무시간이 평균 49 시간 58 분으로 가장 길었으며, ▲중견기업이 48 시간 21 분으로 비교적 높았다. ▲공기업(46 시간 34 분)과 ▲대기업(46 시간 22 분)은 각각 46 시간 남짓으로 낮은 편이었다.
　잡코리아는 알바몬과의 조사를 통해 직장인들의 근무 유연성도 물었다.
　우선 휴일근로를 포함한 야근 등 연장근무 여부를 스스로 선택할 수 있는지를 물은 결과 53.9%가 '필요에 따라 선택적으로 할 수 있다'고 답했다. 반면 46.1%의 직장인은 '나의 의사나 판단과 관계 없이 분위기 또는 방침상 해야 하는 경우가 있다'고 답했다. 야근을 직원 개인의 선택에 따라 자유롭게 할 수 있다는 응답은 ▲대기업에서 65.4%로 가장 높았으며, ▲중소기업에서 50.4%로 가장 낮았다.
　출퇴근 시간을 자유로이 유연하게 조절할 수 있느냐는 응답에는 79.7%가 '정해진 출퇴근 시간이 있어 반드시 그 시간을 지켜야 한다'고 답했다. '특정 범위 내에서 변경 또는 조절 하는 등 유연한 출퇴근 시간'이 주어진다는 응답은 20.3%에 그쳤으며, ▲공기업이 28.9%로 가장 높았다.
　야근의 자율성, 출퇴근 유연성에서 모두 가장 낮은 비중을 보였던 중소기업 직장인들은 휴가 사용에 있어서도 가장 제약이 많은 것으로 나타났다. 잡코리아-알바몬 설문조사에서 원하는 시점에 자유로이 자신의 휴가를 쓸 수 있는지를 물은 결과 중소기업 직장인의 59.6%가 '많은 제약이 있어서 사실상 자유롭게 쓰지 못한다'고 답한 것. 이는 전체 평균 53.3%보다 약 6%P, 대기업 평균 37.7%보다 약 22%P 나 높은 것이었다.
　잡코리아는 이같은 근무 유연성이 직원들의 생산성과 성과에 매우 중요한 영향을 미칠 수 있다고 지적했다.
　근무시간이 얼마나 효율적으로 사용되는지를 묻는 질문에 근무 유연성 응답 결과에 따라 작게는 2 배에서 크게는 4 배까지 큰 차이를 보인 것. 전체 직장인 중 '나의 근무시간은 합리적이고 효율적으로 사용·관리된다'는 응답은 34.8%로 나타났다.

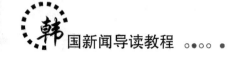

　　그룹별로 출퇴근 시간이 유연한 직장인들에게서는 59.0%로 그렇지 않은 직장인(28.6%)보다 2배 가량 높아, 전체 응답군 중 가장 높은 비중을 보였다. 그룹간 격차가 가장 컸던 항목은 휴가의 자율사용 여부로 휴가를 자유롭게 쓸 수 있다고 응답한 그룹에서는 '효율적인 근무시간 활용'이 57.8%로 그렇지 않은 그룹의 14.6%보다 4배나 높았다.

　　직장 내에서 충분한 역량을 발휘하여 만족할만한 성과를 내는지를 묻는 질문에도 출퇴근이 유연한 그룹의 직장인이 63.3%의 높은 비중은 '만족할만한 성과를 내고 있다'고 답했다.

　　반면 출퇴근 시간이 고정됐다는 직장인들의 경우 만족할만한 성과를 낸다는 응답이 33.8%로 절반 수준에 그쳤으며, 휴가의 자율성에 따라서도 2.8배의 비중 차이를 보이며 자유로운 휴가 사용이 가능한 그룹에서 '만족할만한 성과를 낸다(60.3%)'는 응답이 높게 나타났다.

2018년 10월 17일 〈동아일보〉

단어 单词

직장인 [名词] 上班族，工薪族
직무 [名词] 职务
집계되다 [自动词] 合计，总计，共计
가운데 [名词] （某一地点）中间，（某一范围）当中，（做某事）期间
전문직 [名词] 专职
특수직 [名词] 特殊职业
이어 [副词] 继而，接着，随即
포털 [名词] 门户网站
주관식 [名词] 主观式
기재하다 [他动词] 记载，登记
기획 [名词] 策划
인사총무 [名词] 人事，总务
시스템 [名词] 系统
유형 [名词] 类型，种类
중소기업 [名词] 中小企业
중견기업 [名词] 骨干企业
공기업 [名词] 国有企业
대기업 [名词] 大公司，大集团
남짓 [依存名词] 多点，有余
지적하다 [他动词] 指出，指明，指责
유연성 [名词] 灵活性，弹性，柔韧性

야근[名词]夜班
자율성[名词]自主性，自律性
여부[名词]与否，是否
의사[名词]意向，想法，念头
자유로이[副词]自由地
특정[名词]特定
조절하다[他动词]调节，调整，调控
제약[名词]制约，限制，规定
비중[名词]比例，比重
고정되다[自动词]固定，稳定，（被）固定
만하다[辅助形容词]用于语尾"-(으)ㄹ"后面，表示值得，可以，和……一样
절반[名词]一半，对半

어휘와 표현 词汇及表达

잡코리아 韩国就业网络公司（Job Korea）
알바몬 韩国兼职网络公司（Albamon，隶属于 Job Korea）
윤병준[人名]尹炳俊，Job Korea 社长
TM 고객상담 商标咨询服务
응답군 应答群体

문법 해석 및 문장 표현 语法解释及句型使用

1. -ㄴ/은/는 가운데

句型，由语尾"-ㄴ/은/는"、名词"가운데"组合而成。"-는 가운데"接在动词词干和"있다""없다"词干后，"-은 가운데"接在有收音（除收音"ㄹ"）的动词词干后面，"-ㄴ 가운데"接在没有收音的动词词干或以收音"ㄹ"结尾的动词词干后面，表示某种行为或事件的背景或状况。

例① 직무별 근무시간은 생산•현장직이 51 시간 49 분으로 가장높게 나타난 가운데, 연구개발, 전문•특수직도 주간 근무시간이 50 시간을 넘고 있었다. (제 3 과)

按不同职务，生产线工人的工作时间最长，为 51 小时 49 分钟，同时，研发人员、专职人员和特殊职业工薪族的工作时间也均超过 50 个小时。

☞ 在生产线工人的工作时长为 51 小时 49 分的情况下，研发人员等的工作时间也超过 50 个小时。

例② 한국을 대표하는 4 명의 가수 전인권과 이은미 안지영(볼빨간사춘기), 하현우(국카스텐)이 함께 부르는 평화의 노래 '이매진(Imagine)'이 흐르는 가운데 스키장 상공에서 수백 대의 드론이 만드는 오륜기가 등장했다. (제 17 과)

全人权、李恩美、安之英、何轩雨4名韩国歌手共同唱响和平之歌《想象》。此时，由数百台无人机组成的五环旗在滑雪场上空缓缓升起。

☞ 和平之歌唱响之际，五环旗升起。

例③ …젊은 가수들의 수상이 이어지는 가운데, '가요계의 전설' 이선희의 수상 소식이 전해지면서 현장의 환호성을 자아냈다. （제 19 과）

（其他）年轻歌手纷纷获奖，当"歌谣界传奇人物"李仙姬的获奖消息公布时，现场一片欢呼声。

☞ 其他年轻歌手颁奖后，宣布李仙姬获奖。

2. -(으)ㄹ만한

句型，由语尾"-(으)ㄹ"、辅助形容词"만하다"的活用形式"만한"组合而成。"-을만하다"接在有收音（除了收音"ㄹ"）的动词或形容词词干后面，"-ㄹ만하다"接在没有收音的动词或形容词词干或以收音"ㄹ"结尾的动词或形容词词干后面，修饰名词，表示价值、程度，相当于汉语的"值得……"。

例 반면 출퇴근 시간이 고정됐다는 직장인들의 경우 만족할만한 성과를 낸다는 응답이 33.8%로 절반 수준에 그쳤다. （제 3 과）

反之，认为自己上下班时间比较固定的人群中，只有33.8%的人认为自己在工作单位获得了满意的成效，仅为上班时间比较灵活这一组的一半人数。

☞ 值得满意的成果。

3. (이)나

助词，放在名词之后，"나"接在没有收音的名词后面，"이나"接在有收音的名词后面。

1）表示举例或选择

例① 나의 의사나 판단과 관계 없이 분위기 또는 방침상 해야 하는 경우가 있다. （제 3 과）

与本人意愿或判断无关，是当时的气氛或者根据有关规定必须做的。

☞ 本人意愿和判断两个都不是被选择的对象。"방침상"字面意思"政策上"，这里翻译成"根据有关规定"。

例② 나이나 고교 성적까지 따진다. （제 4 과）

还要看你的年龄或高中成绩。

例③ 영상이나 음향 등에 아낌없이 최고의 투자를 하고 있다. （제 19 과）

无论是舞美设计还是音响设备，我们不遗余力地给予最大的投入。

2）表示数量多、程度高

例④ 이는 전체 평균 53.3%보다 약 6%P, 대기업 평균 37.7%보다 약 22%P나 높은 것이었다. （제 3 과）

比平均值53.3%高出近6%，比大企业平均值37.7%高出近22%。

☞ 22%的结果超乎预期。

例⑤ 그룹간 격차가 가장 컸던 항목은 휴가의 자율사용 여부로 휴가를 자유롭게 쓸수 있다고 응답한 그룹에서는 '효율적인 근무시간 활용'이 57.8%로 그렇지 않은 그룹의 14.6%보다 4배나 높았다. （제 3 과）

结果显示，小组差距最大的选项来自休假时间是否可以自由支配，认为可以自由支配休假时间的一组有 57.8%的人表示能有效使用上班时间，认为不可以自由支配休假时间的一组有 14.6%的人认为能有效使用上班时间，两者相差 4 倍多。

☛ 4倍的差距很大。

例⑥ 더구나 장기연체 지연배상금（연체이자）금리가 시중은행보다 최대 3.8%포인트나 높은 것으로 나타났다. （제 13 과）

况且，长期拖欠还款者所支付的拖欠赔偿金利率比商业银行高，有调查显示最多高出 3.8%。

☛ 3.8%的结果超乎预期。

例⑦ 맞은편의 고풍스러운 건축물과는 너무나 이질적으로 대비되는 유리건물의 질감에 한참이나 그 앞에서 넋을 놓고 바라봤던 것이 생각나네요. （제 20 과）

与对面古色古香的建筑风格完全不同，面对这个充满玻璃质感的建筑物，我记得自己出神地看了半天。

☛ 表示用时很长。

4. 에 있어서도

句型，由助词"에"、补助动词"있다"的活用形式"있어서"、助词"도"组合而成，放在名词或代词或名词性句型后，表示"即使……也……，即便……也……"的意思。

例 중소기업 직장인들은 휴가 사용에 있어서도 가장 제약이 많은 것으로 나타났다. （제 3 과）

（调查）发现中小企业上班族即便使用休假，受到的制约也是最大的。

5. N 을/를 N 으로/로

句型，由名词和助词"을/를"、名词和助词"으로/로"组合而成，表示"把……作为……，把……当作……"的意思。

例① 잡코리아는 직장인 1723 명을 대상으로 '주간 근무시간'을 주제로 설문조사를 실시했다. （제 3 과）

Job Korea 公司以 1723 名上班族为对象进行了以 "每周工作时间" 为主题的问卷调查。

例② 이후 75dB 미만의 소음이 태아에 미치는 영향을 기준으로 '비교위험도(RR)'을 계산했다. （제 12 과）

然后把 75 分贝以下噪音对婴儿造成的影响作为标准，以此算出其他噪音的"相对危险度"。

例③ 취업 후 상환 대출이 제대로 알려지지 않아 일반상환 대출을 받는 대학생이 많은 점도 문제로 지적됐다. (제 13 과)

因为对就业后偿还式助学贷款政策不了解，所以很多大学生申请了一般偿还式助学贷款，这一问题也被暴露出来。

☞ 도，助词，表示列举各种对象或情况，或者加之某种对象或情况，与"也"意思相近。

6. -아야/어야/여야 하다

句型，由语尾 "-아야/어야/여야"、动词 "하다" 组合而成。"-아야 하다" 接在末音节元音为 "ㅏ、ㅗ" 的动词或形容词词干后面，"-어야 하다" 接在末音节元音不是 "ㅏ、ㅗ" 的动词或形容词词干、"이다""아니다" 的词干、语尾 "-았/었/였-" 后面，"-여야 하다" 接在 "하다" 之后，主要以缩略形式 "해야 하다" 出现，表示为做某事或达到某种状况而必需的或义务性的行为，或者是必要的状态或条件，类似汉语的 "必须……，必需……，需要……"。

例① 출퇴근 시간을 자유로이 유연하게 조절할 수 있느냐는 응답에는 79.7%가 '정해진 출퇴근 시간이 있어 반드시 그 시간을 지켜야 한다'고 답했다. (제 3 과)

对 "是否可以自由调整上下班时间" 这一问题的回答显示：79.7%的人回答 "上下班时间是固定的，必须遵守"。

例② 물을 건너야 하는 진탕 구간의 경우, 고속도로와 철도의 터널을 구분해 짓는 방식을 택했으며, 시허우먼(西堠门), 탸오야오먼(桃夭门)의 경우 고속도로와 철도 양용(两用)교량 건설을 계획하고 있다. (제 5 과)

跨越金塘水道采用公路、铁路分建隧道方案，跨越西堠门、桃夭门采用公铁两用桥方案。

☞ 从北仑至金塘必须跨水而过。

例③ 밤 시간에 운동을 해야 하는데 늦은 시간 운동은 숙면에 방해한다는 이야기 때문에 피하기도 한다. (제 8 과)

晚上应该可以运动了，又因太晚运动影响深度睡眠的说法而有所顾忌。

例④ 대신 잠들기 30 분 전에는 운동을 반드시 끝내야 하며 강도 높은 운동은 되도록 낮 시간에 하는 것이 필요하다. (제 8 과)

应该在睡前 30 分钟前结束运动，高强度运动尽可能放在白天。

例⑤ 조 의원은 "공교육 테두리에서 학생을 보듬을 수 있는 시스템을 잘 구축해야 한다"고 강조했다. (제 14 과)

赵议员呼吁，当局应该建立完善的教学机制，在公共教育的范畴内让所有的学生都能够接受正当的教育。

例⑥ 그리고 그의 재능을 눈여겨본 뉴욕이 부동산 재벌 윌리엄 시겐도르프는 미국의 중요한 건축은 미국인에게 맡겨야 한다는 미국 건축계의 관례를 깨고 이오 밍 페이에게 회사에서 짓는 모든 상업, 주택 건축 디자인을 그에게 맡깁니

다. (제20과)

　　欣赏他才华的纽约市房地产开发富商威廉·柴根道夫打破美国主要建筑设计必须由美国人承担的建筑界惯例,将公司的所有商业及住宅群的设计都交给贝聿铭来负责。

 연습 문제 练习题

　　1. 다음 내용 중 본문 내용과 같은 것을 고르십시오. (　　)
请选出下面内容中与本文内容相同的选项。
　　1) 직무별 주당 평균 근무시간은 생산·현장직이 49시간 55분으로 가장 높게 나타났다.
　　2) 대기업의 주당 근무시간은 중소기업, 중견기업 및 공기업보다 많이 높았다.
　　3) 대기업과 중소기업은 모두 야근을 개인의 선택에 따라 쉽게 선택할 수 있다.
　　4) 근무 유연성이 직원들이 직장 내에서 만족할만한 성과를 내는데 매우 중요한 영향을 미칠 수 있다.

　　2. 본문 내용을 읽고 다음 질문에 답해 보십시오.
阅读本课内容后请回答以下问题。
　　1) 직무별 주당 평균 근무시간에 대한 조사결과를 이야기해 보십시오.

　　2) 근무 유연성이 왜 직원들의 생산성과 성과에 매우 중요한 영향을 미칠 수 있습니까? 그 원인을 이야기해 보십시오.

 번역문 译文

第3课　工薪族每周工作时间49小时55分钟

　　Job Korea(社长：尹炳俊)公司与一家名为Albamon的兼职门户网络公司共同发起了一项调查：以主观答题方式对1723名每周工作5天的工薪族进行了主题为"每周工作时间"的问卷调查。统计结果显示,上班族一周的平均工作时间为49小时55分钟,Job Korea公司于17号公布了该结果。

　　按不同职务进行的工作时间长短调查发现,生产线上工人的工作时间最长,为51小时49分钟,同时,研发人员、专职人员和特殊职业工薪族的工作时间也均超过50个小时。

职务不同，其每周工作时间的长短也不同。每周工作时间超过50小时的职务有生产线上班族，他们的工作时间最长，达51小时49分钟，其次是研究开发上班族（50小时24分钟）、专职人员和特殊职业上班族（50小时22分钟）、其他职务（50小时5分钟）。每周工作时间相对比较短的职务有商标咨询服务中心上班族（43小时59分钟）、策划人事总务上班族（46小时13分钟）、IT系统开发上班族（47小时22分钟）等。

企业不同，工作时间长短也有差别。中小企业每周工作时间平均为49小时58分钟，是所有调查对象中最长的。骨干企业平均48小时21分钟相对较长；国有企业（46小时34分钟）和大企业（46小时22分钟）工作时间平均46小时，相对较短。

此外，两个公司还对上班时间是否灵活进行了调查。

对"公休日加班、晚上加班是否有选择权"这一问题的回答显示：53.9%的人回答"根据需要可以做出选择"；相反，46.1%的人回答"与本人意愿或判断无关，是当时的气氛或者根据有关规定必须做的"。对"晚上加班是否可以根据职工个人需求自由决定"这一问题的回答显示：大企业回答"可以"的人数最多，达65.4%；中小企业所占比例最低，为50.4%。

对"是否可以自由调整上下班时间"这一问题的回答显示：79.7%的人回答"上下班时间是固定的，必须遵守"；20.3%的人回答"在特定范围内可以弹性变更或者调整上下班时间"，这中间国有企业人数占多数，达28.9%。

本次问卷调查还发现，中小企业上班族晚上加班时间的自主调控程度和平时上下班时间的灵活调控程度均最低，中小企业上班族即便使用休假，受到的制约也是最大的，高达59.6%，比平均值53.3%高出6%还多，比大企业平均值37.7%高出近22%。中小企业上班族表示，"因为有很多限制，实际上休假不能灵活使用。"

Job Korea公司指出，上班时间灵活会对价值创造产生重要影响。

对"上班时间是否能有效利用"这一问题，根据工作灵活程度的不同显示出较大的差距，少则2倍，多则4倍。在所有调查人中，34.8%的人认为，"我的工作时间非常合理，并且能有效管理和使用。"

分组比较显示，认为上下班时间比较灵活的一组中有59.0%的人认为，上班时间能有效使用；认为上下班时间不灵活的一组中有28.6%的人认为，上班时间能有效使用，两者相差近2倍，是所有应答群体中差距较大的一个选项。结果显示，小组差距最大的选项来自休假时间是否可以自由支配，认为可以自由支配休假时间的一组有57.8%的人表示能有效使用上班时间，认为不可以自由支配休假时间的一组有14.6%的人认为能有效使用上班时间，两者相差4倍多。

对"是否在工作单位发挥作用并获得满意成效"这一问题的回答结果为：认为上下班时间比较灵活的一组中有63.3%的人表示自己"做出了满意的成果"，比例相当高。

反之，认为自己上下班时间比较固定的人群中，只有33.8%的人认为自己在工作单位中获得了满意的成效，仅为上班时间比较灵活这一组的一半人数。此外，关于能否灵活支配休假时间，小组之间也显示出2.8倍的差距，即认为可以灵活支配休假时间的人群中有较大比例（60.3%）的人认为自己获得了满意的成效。

2018年10月17日《东亚日报》

제4과 일본 약대 진학하는 한국 예비 약사들

본문 原文

日서 배운 200명 한국시험 응시

등록금 한 학기당 최고 2000만원… 국내 학원비 감안하면 괜찮은 편

서울 한 사립대를 졸업한 김모(28)씨는 2016년 일본 지바과학대학 약학대학에 입학했다. 2년간 국내에서 PEET(약학대학입문자격시험)를 봤지만, 번번이 낙방하다가 대안으로 일본행을 택했다. 김씨는 "한국에선 시험 성적뿐 아니라 나이나 고교 성적까지 따지는데, 일본약대(藥大)는 그런 문턱이 없다는 얘기를 듣고 결심했다"고 말했다. 김씨는 물리학·화학 등 입학시험을 치르고, 6개월간 일본어를 배운 뒤 학부 과정을 시작했다. 당시 입학 경쟁률은 3대1 수준이었다고 한다.

약사가 되기 위해 일본 약대에 진학하려는 한국인 수험생이 늘고 있다. 한국 약대에 들어가는 길이 점차 좁아지다 보니 상대적으로 들어가기 쉬운 일본 약대를 선택하는 것이다. 일본 약대를 졸업해도 한국의 약사 국가시험에 응시할 자격이 주어진다.

한국약학교육평가원 관계자는 "일본 약대를 졸업하고 한국 약사 국가시험을 치르는 인원은 연간 200명 수준"이라고 했다. PEET 응시 인원은 첫 시험이 치러진 2010년 1만47명에서 올해 1만4892명으로 48% 늘었다.

일본 전문 유학원들은 "매년 4~5월 한국인을 대상으로 치러지는 '일본 약대 조기 입학시험'을 통하면 약사가 되기 쉽다"면서 수험생을 끌어모은다.

일본 약대의 등록금은 학기당 1400만~2000만원 수준으로 한국(300만~600만원)보다 비싸다. 하지만 한국에서 PEET를 준비하는 시간과 비용을 감안하면 그

리 비싼 게 아니라는 게 수험생들의 평가다. 홋카이도의료대학에 다니는 배모(26)씨는 "2 년간 PEET 를 치르며 학원비로 쓴 돈만 2000 만원"이라며 "차라리 비싼 등록금을 내고 대학에서 질 높은 교육을 받고 싶었다"고 했다.

최근 일본 경기가 살아나며 현지 취업률이 높아진 것도 약대 유학생 증가에 영향을 미쳤다. 현지 제약회사나 대형 약국, 한국인 관광객 대상 드러그스토어 등에 취업하려는 것이다. 규슈보건복지대학에 재학 중인 정모(20)씨는 "일단 한•일 양국에서 각각 약사 국가시험을 치른 뒤, 취업은 연봉을 더 주는 곳으로 할 계획"이라고 했다.

2018 년 12 월 4 일 〈조선일보〉

단어 单词

예비[名词]预备
응시[名词]应考，应试，报考
낙방하다[自动词]落榜，不及格，名落孙山
대안[名词]备选方案，应对方案
택하다[他动词]选择
고교[名词]高级中学，高中
따지다[他动词]追究，查明，盘问
문턱[名词]门槛
치르다[他动词]考，应付，处理，操办
치러지다[自动词]举办
늘다[自动词]（力量、势力等）增加，增长
수험생[名词]考生，应考生
상대적[名词][冠形词]相对的
주어지다[自动词]具备，被赋予，具有
등록금[名词]学费
감안하다[他动词]鉴于，考虑到，着眼于
차라리[副词]不如，干脆
살아나다[自动词]复生，活过来，摆脱困境
연봉[名词]年薪

어휘와 표현 词汇及表达

끌어 모으다 萃集，招揽
지바과학대학 약학대학 千叶科学大学药学院（Chiba Institute of Science）
약학대학 입문 자격시험 药学院入门资格考试（Pharmacy Education Eligibility

Test，PEET）

한국약학교육평가원　韩国药学教育评价院

홋카이도의료대학　北海道医疗大学（Health Sciences University of Hokkaido）

규슈보건복지대학　九州保健福利大学（Kyushu Nutrition Welfare University）

드럭스토어　药妆店（drugstore）

문법 해석 및 문장 표현 语法解释及句型使用

1. -(으)니(까)

连接语尾。

1)"-으니(까)"接在有收音（除了收音"ㄹ"）的动词或形容词词干或语尾"-았/었/였-""-겠-"后面，"-니(까)"接在没有收音的动词或形容词词干或收音以"ㄹ"结尾的动词或形容词词干或"이다""아니다"词干后面，表示因为前面行为的结果而发现后面的事实。

例① 도착해보니 사방이 투명하게 빛나는 유리 피라미드 아니겠습니까. （제20과）

到那儿看到的却是一座四周透明发光的玻璃金字塔！

☞ 先是到那儿，然后发现一座玻璃金字塔的事实。

2)由带语尾"-다"的谓词、补助动词"보다"的词干"보"、连接语尾"-니(까)"组合成"-다 보니(까)"的句型，表示原因和理由。

例② 한국 약대에 들어가는 길이 점차 좁아지다 보니 상대적으로 들어가기 쉬운 일본 약대를 선택하는 것이다. （제4과）

这是因为在韩国进药学院的路子越来越窄而日本的情况相对容易些。

例③ 아이들이 껍질이 얇고 당도가 높다 보니까 무척 좋아해서 구매를 자주 한다. （제15과）

皮薄糖分高，孩子们很喜欢吃，所以经常购买。

2. -는데

连接语尾，接在动词词干或"있다""없다"的词干、语尾"-았/었/였-""-겠-"后。

1)为了介绍某一事实或其后具体内容的展开，预先提示其状况时使用。

例① 이산화탄소(CO_2)의 경우 405.5±0.1ppm, 메탄(CH_4)은 1859±2ppb, 이산화질소(NO_2)는 329.9±0.1ppb 였는데, 이는 산업화 이전 대비 각각 146%, 257%, 122% 증가한 수준이다. （제9과）

二氧化碳（CO_2）、沼气（CH_4）、二氧化氮（NO_2）浓度分别为 405.5±0.1ppm、859±2ppb、329.9±0.1ppb，与产业革命以前相比有所增加，分别增加了146%、257%、122%。

☞ 先提示二氧化碳等浓度值，再讲述该浓度值的严重程度。

2) 用于提示后面行为的原因或理由。

例② 강 대표는 "일룸은 책상과 의자 등 아이들 교육용 가구에 강점이 있는데, 유교문화권은 교육열이 대체로 높아 승산이 있다고 본다"고 설명했다. （第10课）

姜总经理解释说："怡伦主打产品是桌椅等学生用家具, 儒家文化圈的国家通常对教育关注度比较高, 因此市场前景比较乐观。"

☞ 先提原因再讲结果。"승산이 있다"翻译成"市场前景比较乐观"。

3) 用于叙述后面内容与前叙事实相反的结果或对立的情况。

例③ 한국에선 시험 성적뿐 아니라 나이나 고교 성적까지 따지는데, 일본약대(藥大)는 그런 문턱이 없다. （第4课）

在韩国不仅要看考试成绩, 还要看你的年龄或高中成绩, 而听说日本药学院没有这样的门槛。

例④ 밤 시간에 운동을 해야 하는데 늦은 시간 운동은 숙면에 방해한다는 이야기 때문에 피하기도 한다. （第8课）

晚上要运动了, 又因太晚运动影响深度睡眠的说法而忌讳。

例⑤ 제가 시상식에 함께 했었어야 했는데 지금 콘서트 중이라 참석하지 못 했습니다. （第19课）

本应该到现场来参加颁奖典礼, 但是因为在开演唱会所以没能赶过去。

例⑥ 파리예술의 중심부인 만큼, 당연히 루브르 박물관은 고전주의풍의 건축물일거라 생각했었는데 도착해보니 사방이 투명하게 빛나는 유리 피라미드 아니겠습니까. （第20课）

作为巴黎艺术的中心地, 我想象的卢浮宫博物馆一定是一座充满古典主义色彩的建筑物, 可是到那儿看到的却是一座四周透明发光的玻璃金字塔！

☞ 想象的和实际看到的不一样。"건축물일거라"是"건축물일 것이라고"的缩略形式。

3. -라면서, -라며

句型, 由语尾"-라"、表示引用的"고"和动词"하다"的活用形式"하면서"组成的"-라고 하면서"的缩略形式。"-라면서"还可以缩略成"-라며"的形式使用, 接在"이다"或"아니다"的词干后, 表示讲述某事的同时, 后面还连带其他的内容或另一行为动作。

例① 배모(26)씨는 "2년간 PEET를 치르며 학원비로 쓴 돈만 2000만원"이라며 "차라리 비싼 등록금을 내고 대학에서 질 높은 교육을 받고 싶었다"고 했다. （第4课）

裴某表示："花两年时间准备PEET考试, 其间花费的培训费有2000万韩元, 所以后来想, 干脆花钱到正规大学接受高质量的教育。"

例② 스팽글러 교수는 "낮 시간에 운동시간을 낼 수 없는 경우 밤에 운동을 하는 것도 문제가 되지 않는다는 것을 보여주는 연구"라며 "대신 잠들기 30 분

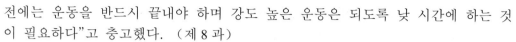

전에는 운동을 반드시 끝내야 하며 강도 높은 운동은 되도록 낮 시간에 하는 것이 필요하다"고 충고했다. （제 8 과）

斯宾格勒教授表示，该研究项目的目的是告诉大家"白天没时间运动的人，晚上适度运动并不会导致睡眠问题"，同时建议大家"应该在睡前 30 分钟前结束运动，高强度运动尽可能地安排在白天做"。

例③ 강 대표는 "중국은 쉽지 않은 시장"이라면서 "소비자 반응을 검토해 오프라인 매장으로 갈지 온라인 매장으로 갈지 결정할 것"이라고 말했다. （제 10 과）

姜总经理表示："中国是一个未知的市场，是开实体店还是开网络店需要对消费群体意向进行综合评估才能决定。"

例④ 최모(29) 씨는 "연말을 맞아 평소 갖고 싶었던 지갑을 샀다"라면서 "가방은 비싸서 선뜻 사기 부담스럽지만 지갑, 운동화, 선글라스 등은 마음 먹으면 살 수 있는 가격대라 평소에도 눈여겨본다"고 말했다. （제 16 과）

崔某说："快到年底了，下决心买了一个一直想要的钱包。手提包太贵买不起，但是钱包、运动鞋、墨镜这些东西，价格还能够承受得起，所以平时会留心看看。"

4. 뿐

1）助词，由助词"뿐(만)"、形容词"아니다"的词干"아니"、语尾"-라"组成"뿐(만) 아니라"句型，接在名词和某些助词后，表示不仅包括前面的内容，而且还添加其他内容。

例① 한국에선 시험 성적뿐 아니라 나이나 고교 성적까지 따진다. （제 4 과）
在韩国不仅要看考试成绩，还要看你的年龄或高中成绩。

例② 이후 그는 중국뿐 아니라 이슬람, 이집트 등의 세계문명을 탐색하며 세계역사가 빚어낸 찬란한 문명을 그를 건축에 녹여내게 되지요. （제 20 과）
之后，除了中国他还走访伊斯兰、埃及等世界文明古国，把世界历史留下的灿烂文化融入自己的建筑设计中。

2）依存名词，由语尾"-(으)ㄹ"、依存名词"뿐"组成"-(으)ㄹ 뿐"的句型，"-을 뿐"接在有收音（除了收音"ㄹ"）的动词或形容词词干、语尾"-았/었/였-"后面，"-ㄹ 뿐"接在没有收音的动词或形容词词干或以收音"ㄹ"结尾的动词或形容词词干或"이다""아니다"的词干后面，表示只有前面所说的事实或仅此而已，类似"只有"的意思。

例③ 사실 아직 우리가 모를 뿐 이보다 더 동작이 빠른 동물 역시 존재할 가능성이 크다. （제 11 과）
事实上，还有比这些速度更快的其他动物生存在我们的周边，只是我们不知道而已。

5. -(으)려는

句型，由语尾"-(으)려고"、动词"하다"的活用形式"하는"组成的"-(으)려고 하는"的缩略形式。"-으려는"接在有收音（除了收音"ㄹ"）的动词词干后，

"-려는"接在没有收音的动词词干或以收音"ㄹ"结尾的动词词干后面，并修饰后面的内容，表示意图或即将发生的状况，相当于汉语的"打算"。

例① 약사가 되기 위해 일본 약대에 진학하려는 한국인 수험생이 늘고 있다. （제 4 과）
为了能成为一名药剂师而打算赴日药学院留学的韩国学生人数呈上升趋势。

例② 현지 제약회사나 대형 약국, 한국인 관광객 대상 드럭스토어 등에 취업하려는 것이다. （제 4 과）
他们的打算是在当地一些制药公司、大型药店和以韩国游客为主的药妆店就业。

6. 수준으로

句型，由名词"수준"、助词"으로"组合而成，接名词后面，表示"以……为标准，到……程度"的意思。

例 일본 약대의 등록금은 학기당 1400 만~2000 만원 수준으로 한국(300 만~600 만원)보다 비싸다. （제 4 과）
日本药学院的学费每学期1400万—2000万韩元的标准，这个费用比韩国学费（300万—600万）贵。

7. -(으)ㄹ 계획

句型，以语尾"-(으)ㄹ"、名词"계획"组合而成。"-을 계획"接在有收音（除了收音"ㄹ"）的动词词干后面，"-ㄹ 계획"接在没有收音的动词词干或以收音"ㄹ"结尾的动词词干后面，表示事情或动作将要发生，类似汉语的"计划……，打算……，将要……"。

例① 일단 한·일 양국에서 각각 약사 국가시험을 치른 뒤, 취업은 연봉을 더 주는 곳으로 할 계획이다. （제 4 과）
先拿到韩、日两国的药剂师资格证，就业的话，自然会选择年薪高的地方。
☞ 讲述获得药剂师资格证后的打算。

例② 11 월 20 일, 저장성 닝보(宁波)와 저우산(舟山)을 잇는 '융저우 철도' 가운데, 베이룬(北仑)~진탕(金塘) 구간이 해저 터널로 건설될 계획이라고 현지 매체 저장르바오(《浙江日报》)가 보도했다. （제 5 과）
11月20日，《浙江日报》报道，甬舟铁路北仑至金塘段将建成海底隧道。
☞ 讲述甬舟铁路修建方案。

例③ 중국 우주 당국인 국가항천국(CNSA)은 지난 5 월 21 일 발사한 통신 중계 위성 '췌차오(鹊桥)'를 이용해 이 문제를 해결할 계획이다. （제 6 과）
中国国家航天局（CNSA）将通过5月21日发射的鹊桥中继卫星来解决这个问题。

例④ 연말엔 1 인 가구의 증가에 맞춰 주거 공간에 배치하기 쉬운 가구 시리즈를 선보일 계획이다. （제 10 과）
年末将亮相一批适合在单身公寓摆放的简易家具系列。
☞ 讲述公司年内的新产品计划。

연습 문제 练习题

1. 다음 내용 중 본문 내용과 같은 것을 고르십시오. (　　)
请选出下面内容中与本文内容相同的选项。
1) 일본 약대 등록금과 한국 약대 등록금은 비슷하다.
2) 일본 약대 졸업한 사람은 한국 약사 국가 시험을 치를 수 있다.
3) 일본 약대를 신청할 때 입학 시험 성적, 나이와 고교 성적이 모두 필요하다.
4) 일본 약대 졸업한 한국 학생은 모두 일본에 취직한다.

2. 본문 내용을 읽고 다음 질문에 답해 보십시오.
阅读本课内容后请回答以下问题。
1) 일본 약대 진학하려는 한국 예비 약사들은 왜 늘어나고 있습니까?

2) 한국 예비 약사들이 일본 약대를 졸업한 후 어떤 취업 준비를 해야 됩니까?

번역문 译文

第4课　在日本药科大学求学的韩国预备药剂师

　　最近有 200 名在日本留学的药剂师参加了韩国药剂师资格证考试,有反映在日本药科大学学费最高 2000 万韩元,但是如果考虑到国内各种培训费,这个学费可以接受。
　　金某(28 岁)毕业于首尔某私立大学,两年内多次参加国内药学院入学考试(PEET)均落榜,所以选择去日本留学,她于 2016 年通过了日本千叶科学大学药学院入学考试。金某说:"在韩国不仅要看考试成绩,还要看你的年龄或高中成绩,后来听说日本药学院没有这样的门槛,才决定去日本留学。"日本入学考试要考物理、化学等科目,当时的入学竞争率为 3 比 1,金某入学后先学了六个月的日语,然后开始本科学习。
　　为了能成为一名药剂师而打算赴日药学院留学的韩国学生人数呈上升趋势。这是因为在韩国进药学院的路子越来越窄,而日本的情况相对容易些,所以出现了这样的状况。从日本药学院毕业回来的学生具备参加韩国国内药剂师国家考试的资格。
　　韩国药学教育评价院有关人员表示:"从日本药学院毕业回来参加韩国药剂师国家考试的人员每年 200 名左右。韩国药剂师国家考试从 2010 年开始实施,第一次考试共有 10047 人参加，今年参考人数 14892 人，同比增长 48%。"

　　对此，日本一些专职留学机构瞄准韩国市场，每年 4—5 月间向韩国人推出"日本药学院早期入学考试"的项目，以抢夺生源。

　　日本药学院的学费每学期 1400 万—2000 万韩元的标准，这个费用比韩国学费（300 万—600 万）贵。但是如果考虑到在韩国为了准备 PEET 考试所投入的时间和费用，考生们普遍认为日本药学院所花学费并不是很贵。在北海道医疗大学留学的裴某（26 岁）表示："花两年时间准备 PEET 考试，其间花费的培训费有 2000 万韩元，所以后来想，干脆花钱到正规大学接受高质量的教育。"

　　近些年，日本经济复苏以及当地就业率提升也给赴日留学生人数的增加带来影响。他们的打算是在当地一些制药公司、大型药店和以韩国游客为主的药妆店就业。正在九州保健福利大学留学的郑某（20 岁）表示："先拿到韩、日两国的药剂师资格证，就业的话，自然会选择年薪高的地方。"

2018 年 12 月 4 日《朝鲜日报》

3단원 중국

三单元 中国

제 5 과 '시속 250km' 中 첫 고속철용 해저 터널 추진

본문 原文

중국 최초로 고속철을 위한 해저 터널이 들어선다. 신설 융저우(甬舟) 철도 일부 구간이 해저 터널 방식으로 건설될 예정이다.

융저우 노선은 철도 교통의 혜택을 받지 못했던 저우산의 지난 역사를 마감하고, 닝보(宁波)~저우산(舟山) 구간을 30 분으로 단축시킬 전망이다. 저장(浙江)성 도시권역이 '고속철 1시간 생활권'으로 연결해 지역 관광수입 및 저장성 자유무역구 발전을 이끌 것으로 관측된다.

11 월 20 일, 저장성 닝보(宁波)와 저우산(舟山)을 잇는 '융저우철도' 가운데, 베이룬(北仑)~진탕(金塘) 구간이 해저 터널로 건설될 계획이라고 현지 매체 저장르바오(《浙江日报》)가 보도했다. 중국에 해저 고속철 터널이 들어서는 것은 이번이 처음이다.

융저우 철도는 총 77km 로 설계됐다. 베이룬(北仑), 진탕(金塘), 다샤(大沙), 마아오(马岙), 바이취안(白泉) 등 지역을 경유하며, 그 중 베이룬~진탕 구간이 해저 터널로 건설되는 것. 신설되는 해저 터널은 전체 길이가 약 70.92km 에 달한다. 닝보와 저우산에 해당하는 구간이 각각 23.77km 와 47.15km 다.

철도 운행 속도는 시속 250km 로 설계됐으며, 중장거리 여객열차 및 화물열차 수송에 사용될 방침이다. 융저우 철도 건설을 통해, 닝보~저우산 열차 운행 소요 시간이 30분 이내로 단축될 전망이다. 이를 고려할 때, 항저우(杭州)~저우산 구간은 80분(1시간 20분) 내 주파가 가능할 것으로 관측된다.

특히 주목받는 것은 중국 최초로 건설되는 해저 고속철 터널이다. 현지 매체 보도에 따르면, 진탕(金塘) 해저 고속철 터널의 총 길이는 16.2km에 달한다.

'융저우 철도'는 고속도로와 철도를 합한 형태로 건설된다. 물을 건너야 하는 진탕 구간의 경우, 고속도로와 철도의 터널을 구분해 짓는 방식을 택했으며, 시허우먼(西堠门), 탸오야오먼(桃夭门)의 경우 고속도로와 철도 양용(两用) 교량 건설을 계획하고 있다. 융저우 철도는 현재 중국 내 가장 복잡하고 난도가 높은 공정 가운데 하나로 꼽힌다. 따라서 킬로미터 당 들어가는 비용도 높은 편.

철도가 완공되면, 닝보에서 저우산까지 이동할 때 지금처럼 해상대교를 건너는 방식에 고속철을 이용하는 선택지가 추가될 전망이다. 이에 따라 저우산 해상대교 일부 구간의 교통체증 문제 역시 상당부분 해소될 것으로 관측된다.

저우산은 바다 건너 섬이라는 지리적 특성 때문에 그동안 철도 교통의 혜택을 받지 못했다. 이번 해저 터널 방식의 철도 건설은 저우산의 교통 인프라를 개선함과 동시에, 관광지로서의 잠재력을 발휘할 수 있는 계기를 마련할 것으로 관측된다.

신설되는 융저우 철도는 그 기능이 여객 운송에 보다 집중되어 있으며, 특히 여행객을 저우산으로 유입시키는 데 도움을 줄 전망이다. 저장성에 위치한 저우산은 불교명산 푸퉈산(普陀山), 모래섬으로 아름다운 주자젠(朱家尖) 등 관광자원이 풍부한 도시다.

2017년 한 해 동안 저우산을 방문한 중국 내외 관광객 수는 약 5500만 명에 달했다. 업계 전문가에 따르면, 융저우 철도의 기능은 특히 관광객 유입에 초점이 맞춰져 있으며, 각 도시를 오가는 유동 인구 수송 역할도 담당할 전망이다.

무엇보다 융저우 철도는 저장성 도시들을 '고속철 1시간 생활권'으로 조성해, 저장성 자유무역구(浙江自贸区)의 발전에 날개를 달아줄 전망이다.

현지 매체들은 융저우 철도 완공을 계기로, 기존의 '대교 시대'에서 '고속철 시대'로 전환될 것이라고 관측한다. 지금까지 '해상대교'를 통해서만 닿을 수 있는 지역이었다면, 이제 고속철이라는 교통수단이 하나 더 추가되기 때문. 이 또한 융저우 철도 건설에 주목하는 이유다.

저우산 발개위(发改委, 발전개혁위원회)에 따르면, 융저우 철도 건설 프로젝트는 지난 2017년 6월 사전 준비작업에 착수해, 단계적인 성과를 보여 왔으며 오는 2019년 착공을 목표로 진행되고 있다. 건설에 약 6년 반의 시간이 소요돼, 2025년 전후로 완공을 계획하고 있다.

2018년 11월 30일 〈중앙일보〉

3 단원 중국

📝 단어 单词

해저[名词]海底
터널[名词]隧道
들어서다[自动词]走进，跨进，进入
혜택[名词]优惠，恩惠
마감하다[他动词]终止，结束，收尾
단축시키다[使动词]（时间、距离等）缩短，缩减
주파[名词]走完，跑完
관측되다[自动词]观察，预测
관측하다[他动词]观察，预测
경유하다[他动词]经过，途经
수송[名词]运输
방침[名词]方针，政策
합하다[自动词]合并，合一，归并
공정[名词]工程，进程
꼽히다[[被动词]被选为，被评为（"꼽다"的被动形式）
당[依存名词]均，每，每一
선택지[名词]选择，备选答案，选项
때문[依存名词]由于，因为
잠재력[名词]潜力
발휘하다[他动词]发挥
보다[副词]更，再，更加；[助词]（附于体词之后，表示比较的对象）比，较
마련하다[他动词]准备，筹措，筹集
유입시키다[使动词]（资金、产品）流入，（知识、思想）传入
달하다[自动词]达到（一定的标准、数量、程度等），抵达
날개[名词]翅膀，机翼
달다[他动词]挂，帖，安装
닿다[自动词]到达（目的地），（消息）传达
착수하다[他动词]开始做，着手
단계적[名词][冠形词]阶段性
소요되다[自动词]需要，所需

📝 어휘와 표현 词汇及表达

고속철용 高铁用
도시권역 城市地区
생활권 生活圈

자유무역구 自由贸易区
중장거리 中长距离
교통체증 交通堵塞
교통 인프라 运输基本设施
초점이 맞춰지다 对准焦点
달아주다 带上，牵线，挂上
날개 달아주다 如虎添翼
발개위[专有名词]中华人民共和国国家发展和改革委员会，简称发改委

문법 해석 및 문장 표현 语法解释及句型使用

1. 에 달하다

句型，由助词"에"、动词"달하다"组合而成，接在名词后面，表示行为、状态所达到的程度，类似汉语的"达、达到"。

例① 진탕(金塘) 해저 고속철 터널의 총 길이는 16.2km에 달한다.（제 5 과）
金塘海底高铁隧道全长达 16.2 公里。

例② 그 속도는 KTX 만큼 빠른 시속 320km에 달한다.（제 11 과）
其速度相当于 KTX 高铁，达到每小时 320 公里。

例③ 올해 11 월까지 신세계•롯데•현대백화점의 20 대 명품 매출 신장률은 27~79%에 달했다.（제 16 과）
截至今年 11 月，新世界百货店、乐天百货店、现代百货店 20 岁年龄段年轻人的奢侈品购买增长率达到 27%-29%。

2. (으)로 꼽히다

句型，由助词"(으)로"与被动词"꼽히다"组合而成。"으로 꼽히다"接在有收音（除了收音"ㄹ"）的名词后面，"로 꼽히다"接在没有收音的名词或以收音"ㄹ"结尾的名词后面，表示成为被选对象；或者由助词"(으)로"、被动词"꼽히다"的活用形式"꼽히는"组合成"(으)로 꼽히는"的句型，修饰后面的名词。

例① 융저우 철도는 현재 중국 내 가장 복잡하고 난도가 높은 공정 가운데 하나로 꼽힌다.（제 5 과）
甬舟铁路是目前中国国内工程复杂、难度系数极高的项目之一。
☛ 甬舟铁路被选为最难工程之一。

例② 기후변화의 주요한 요인으로 꼽히는 온실가스의 경우 지난해 농도가 역대 최고치를 찍었다.（제 9 과）
作为气候变化主要原因的温室气体，其浓度去年创下历史最高。

例③ 스노보드 황제 숀 화이트(미국), 이탈리아 쇼트트랙 스타 아리아나 폰타나가 각각 평창올림픽 남녀 최고의 선수로 꼽혔다.（제 18 과）
美国单板滑雪运动员肖恩•怀特、意大利女子短道速滑运动员阿莉安娜•方塔纳，

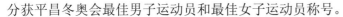

分获平昌冬奥会最佳男子运动员和最佳女子运动员称号。
☞ 肖恩·怀特和阿莉安娜·方塔纳分别被选为最佳男女运动员。

3. 시키다

他动词，将"汉字词名词+하다"型动词中的"하다"换成"시키다"，使之成为使动态。

例①	단축하다	→	단축시키다（제 5 과）	使诞生
例②	유입하다	→	유입시키다（제 5 과）	使流入
例③	배가하다	→	배가시키다（제 19 과）	使加倍
例④	탄생하다	→	탄생시키다（제 19 과）	使诞生

4. -(으)ㄹ 것으로 관측되다, -(으)ㄹ 것이라고 관측하다

句型，由语尾"-(으)ㄹ"、依存名词"것"、助词"으로"、动词"관측되다"组合而成"-(으)ㄹ 것으로 관측되다"的句型，或者由语尾"-(으)ㄹ"、依存名词"것"、语尾"-이라"、表示引用的助词"고"、动词"관측하다"组合而成"-(으)ㄹ 것이라고 관측하다"的句型。"-을 것으로 관측되다, -을 것이라고 관측하다"接在有收音（除了收音"ㄹ"）的动词词干后面，"-ㄹ 것으로 관측되다, -ㄹ 것이라고 관측하다"接在没有收音的动词词干或以收音"ㄹ"结尾的动词词干后面。表示事情或动作即将发生，相当于汉语的"预测……，将……"。

例① 저장(浙江)성 도시권역이 '고속철 1 시간 생활권'으로 연결해 지역 관광 수입 및 저장성 자유무역구 발전을 이끌 것으로 관측된다. (제 5 과)
浙江省城市间形成"一个小时生活圈"，这将有助于浙江省旅游业、自由贸易区的发展。
☞ 预测城市间形成"一小时生活圈"后带来的影响。

例② 항저우(杭州)~저우산 구간은 80 분(1 시간 20 분)내 주파가 가능할 것으로 관측된다. (제 5 과)
杭州至舟山全程将缩短至 80 分钟（1 小时 20 分钟）左右。
☞ 预测杭州至舟山全程在 80 分钟内走完。

例③ 이에 따라 저우산 해상대교 일부 구간의 교통체증 문제 역시 상당부분 해소될 것으로 관측된다. (제 5 과)
由此将大大缓解部分跨海大桥交通拥堵的现象。
☞ 预测拥堵现象会缓解。

例④ 관광지로서의 잠재력을 발휘할 수 있는 계기를 마련할 것으로 관측된다. (제 5 과)
（海底隧道的建设）也将成为发挥舟山旅游城市潜力的一个契机。
☞ 预测海底隧道建成后对舟山城市发展带来的影响。

例⑤ 현지 매체들은 융저우 철도 완공을 계기로, 기존의 '대교 시대'에서 '고속철 시대'로 전환될 것이라고 관측한다. (제 5 과)

当地媒体表示，甬舟铁路的建成将标志着舟山地区的交通从"大桥时代"走向"高铁时代"。

☞ 预测海底隧道建成后给舟山交通状况带来的影响。

5. -(으)ㄹ 방침

句型，由语尾"-(으)ㄹ"、名词"방침"组合而成。"-을 방침"放在有收音（除了收音"ㄹ"）的动词词干后面，"-ㄹ 방침"放在没有收音的动词词干后面或以收音"ㄹ"结尾的动词词干后面，表示事情或动作即将发生，类似汉语的"计划……，将……"。

例① 철도 운행 속도는 시속 250km 로 설계됐으며, 중장거리 여객열차 및 화물열차 수송에 사용될 방침이다. （제 5 과）

铁路运行速度为 250km/h，功能定位计划为中长路线客运专线及物流动车组运输路线。

例② 정부는 이같은 신품종 과일을 적극 육성할 방침입니다. （제 15 과）

政府计划积极推进这类新品种水果的开发。

연습 문제 练习题

1. 다음 내용 중 본문 내용과 같은 것을 고르십시오. （   ）
请选出下面内容中与本文内容相同的选项。
1) 중국 최초로 고속철용 해저 터널은 융저우 철도이다.
2) 융저우 고속철도 들어서기전까지 닝보에서 저우산까지 이동할 때 일반철도와 해상대교를 이용해왔다.
3) 저우산은 관광도시이기 때문에 융저우 철도는 유동인구 수송 역할만 담당할 예정이다.
4) 융저우 철도를 통해 닝보~저우산 열차 운행 소요시간은 한 시간으로 단축될 전망이다.

2. 본문 내용을 읽고 다음 질문에 답해 보십시오.
阅读本课内容后请回答以下问题。
1) 융저우 고속철도에 대해 소개해 보십시오.

2) 융저우 철도 건설에 주목 받는 이유는 무엇입니까?

번역문 译文

第5课 中国将建首条海底高铁隧道，时速达250公里

中国首条海底高铁隧道建设方案已定，新设甬舟铁路中的一部分将接轨海底隧道。

甬舟高铁的开通将告别舟山无高铁的历史，宁波-舟山区间车程将缩短至30分钟，浙江省城市间形成"一个小时生活圈"，这将有助于浙江省旅游业、自由贸易区的发展。

11月20日，《浙江日报》报道，甬舟铁路北仑至金塘段将建成海底隧道，这是中国国内首条海底高铁隧道。

甬舟铁路设计全长为77公里，途经北仑、金塘、大沙、马岙、白泉等地，跨越金塘、西堠门等水道。其中，北仑至金塘段为海底隧道。该项目新建线路全长约为70.92公里，其中宁波段23.77公里，舟山段47.15公里。

铁路运行速度为250km/h，功能定位计划为中长路线客运专线及物流动车组运输路线。甬舟高铁建成后，宁波至舟山全程最快仅需30分钟，杭州至舟山全程将缩短至80分钟（1小时20分钟）左右。

根据当地媒体报道，比较受市民关注的是连接北仑至金塘的金塘水道采用隧道形式过海，该隧道全长16.2公里，是中国国内首条海底高铁隧道。

据悉，甬舟铁路采取公铁一体的建造模式，跨越金塘水道采用公路、铁路分建隧道方案，跨越西堠门、桃夭门采用公铁两用桥方案。甬舟铁路是目前中国国内工程复杂、难度系数极高的项目之一，每公里所需资金的投入较高。铁路完工后，宁波至舟山的交通方式除了像现在一样利用跨海大桥以外，还可以选择高铁，由此将大大缓解部分跨海大桥交通拥堵的现象。

舟山作为一个岛屿城市，因为地域特点长期以来一直不能享受到铁路开通所带来的各种便利，这次海底隧道的建设在改善舟山地区交通基础建设的同时，也将成为发挥舟山旅游城市潜力的一个契机。

舟山拥有佛教名山普陀山、朱家尖等丰富的旅游资源，新建的甬舟铁路将带动旅客输送，尤其为游客来舟山旅游提供了便利条件。

2017年到访舟山的中外游客约5500万人次，据业内专家分析，甬舟铁路的焦点将集中在引入旅客方面，同时还将承担城市之间流动人口的输送任务。此外，浙江省城市间形成"一个小时生活圈"，这使得浙江省自由贸易区的发展如虎添翼。

当地媒体表示，甬舟铁路的建成将标志着舟山地区的交通从"大桥时代"走向"高铁时代"。如果说舟山以前只有利用跨海大桥才能通往宁波，那么现在舟山又多了"高铁"这种交通手段，所以甬舟铁路的建设备受外界关注。

舟山发改委表示，甬舟高铁项目在2017年6月启动，目前已经取得阶段性的成果，将于2019年开工，预计需要六年施工时间，2025年前后完工。

2018年11月30日《中央日报》

제6과 中, 인류 최초로 달 뒷면 탐사선 발사 성공

본문 原文

중국이 베일에 가려진 달 뒷면 탐사를 위한 무인 우주선 '창어(嫦娥)-4 호' 발사에 성공했다. 인류가 달의 뒷면을 탐사하는 우주선을 발사한 것은 이번이 처음이다. 달의 자전과 공전 주기는 27.3 일로 모두 같아 지구에서는 달의 뒷면을 볼 수 없다.

중국 신화통신은 세계 최초로 달 뒷면을 탐사하는 우주선인 창어-4 호를 실은 '창정(长征)-3 호' 로켓이 8 일(현지시각) 오전 2 시 23 분쯤 중국 남서부 쓰촨성에 있는 시창 인공위성발사센터에서 발사됐으며, 달 뒷면에 연착륙할 것으로 예상된다고 보도했다.

창어-4 호는 5 일간 비행해 달 주변에 도착할 예정이다. 이후 한동안 달 주변을 돌다가 내년 1 월 초 달에 착륙할 예정이다.

달 뒷면은 지구에서 볼 수 없다. 탐사 우주선이 달의 뒷면으로 진입하면 지구와 교신이 끊어졌다. 지구와 달 뒷면에 있는 우주선의 직접 통신이 어려운 탓에 그간 착륙이 시도되지 않았다.

중국 우주 당국인 국가항천국(CNSA)은 지난 5 월 21 일 발사한 통신 중계 위성 '췌차오(鹊桥)'를 이용해 이 문제를 해결할 계획이다. 췌차오가 달 뒷면에 착륙한 창어-4 호와 지구에 있는 관측소가 통신할 수 있도록 중계소 역할을 하는 것이다.

창어-4 호의 목표 착륙 지점은 달의 뒷면 남극 근처 폭 186km 의 폰카르만 크레

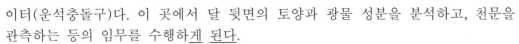

이터(운석충돌구)다. 이 곳에서 달 뒷면의 토양과 광물 성분을 분석하고, 천문을 관측하는 등의 임무를 수행하게 된다.

　창어-4호 탐사 프로젝트를 이끈 장혜 총괄 책임자는 "인류 최초의 달 뒷면 탐사를 통해 달의 지형과 토양 구성 요소, 기타 과학적 데이터 등 직접 정보를 얻을 수 있을 것"이라며 "이는 달과 우주에 대한 인류의 이해를 증진하는 데 도움이 될 것"이라고 말했다.

2018년 12월 8일 〈조선일보〉

단어 单词

탐사선[名词]探测器
발사[名词]发射
베일[名词]面纱，面罩
가려지다[自动词]被遮住，被挡住
자전[名词]自转
공전[名词]公转
싣다[他动词]装载，搭乘，登载
로켓[名词]火箭
착륙하다[自动词]着陆
비행하다[他动词][自动词]飞行
한동안[名词]一些时候，一个时期
진입하다[自动词]进入
교신[名词]通信，通讯，联系
탓[名词]过错，过失，错误
관측소[名词]观测站
중계소[名词]中转站
지점[名词]地点，支店
폭[名词]直径
토양[名词]土壤
광물[名词]矿物
성분[名词]成分
천문[名词]天文
임무[名词]任务
수행하다[他动词]执行，完成
프로젝트[名词]研究项目，科研项目
지형[名词]地形
구성요소[名词]构成要素

과학적 [名词] [冠形词] 科学

어휘와 표현 词汇及表达

무인 우주선 无人宇宙飞船
신화통신 [专有名词] 新华通讯社
쓰촨성 [地名] 四川省
시창 [地名] 西昌
인공위성발사센터 卫星发射中心
연착륙하다 软着陆
국가항천국 [专有名词] 国家航天局（China National Space Administration，CNSA）
중계 위성 中继卫星
췌차오 [专有名词] 鹊桥，是嫦娥四号月球探测器的中继卫星
역할하다 发挥作用，起作用
폰 카르만 크레이터 [专有名词] 冯·卡门环形山（Von Kármán crater）
운석 충돌구 陨石撞击坑
총괄 책임자 执行总监，总负责人
장혜 [人名] 张熇，中国航天科技集团有限公司空间技术研究院嫦娥四号探测器项目执行总监
직접 정보 直接数据，直接资料

문법 해석 및 문장 표현 语法解释及句型使用

1. -도록

1）连接语尾，用于动词词干或某些形容词词干后，表示后面行为的目的或基准。

例① 췌차오가 달 뒷면에 착륙한 창어-4호와 지구에 있는 관측소가 통신할 수 있<u>도록</u> 중계소 역할을 하는 것이다. （제 6 과）
着陆月球背面的嫦娥四号将通过鹊桥中继卫星保持与地球观测站的通信联系。
☞ 目的是保持与地球观测站的通信联系。

例② 저소득층 대학 신입생이 국가장학금 제도를 몰라서 지원받지 못하는 일이 없<u>도록</u> 홍보를 강화하라고 요구했다. （제 13 과）
同时还希望教育部加强宣传，避免低收入家庭大学新生因不了解国家奖学金政策而错失资助机会。
☞ 目的是避免低收入大学新生因不清楚国家奖学金政策而没能获得应有的资助。

2）由语尾"-도록"、动词"하다"组合成"-도록 하다"的句型，接在动词词干后，表示指使某人做某事。

例③ 특히 취업 후 상환 대출과 달리 일반상환 대출은 대출한 다음 달부터

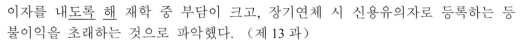

이자를 내도록 해 재학 중 부담이 크고, 장기연체 시 신용유의자로 등록하는 등 불이익을 초래하는 것으로 파악했다. (제 13 과)

据掌握的消息得知，尤其与就业后偿还式助学贷款不同的是，一般偿还式助学贷款要求贷方贷款后的第二个月就开始偿还利息，从而导致学生求学过程中经济负担过重，还有因长期拖欠还款留下不良信用记录等不利因素。

☞ 表示学生贷款后的第二个月开始就要偿还利息。

2. -(으)ㄹ 수 있다/없다

句型，由语尾"-(으)ㄹ"、依存名词"수"与形容词"있다/없다"组合而成。"-을 수 있다/없다"放在有收音（除收音"ㄹ"）的动词词干后面，表示可能或不可能；"-ㄹ 수 있다/없다"放在没有收音的动词词干或以收音"ㄹ"结尾的动词词干后面，表示可能或不可能，类似汉语的"可以或不可以"。

例① 전반적으로 성장세가 약화되면서 수요측 물가상승 압력이 낮아지는 현상이 장기화되고 있는 것으로 볼 수 있다. (제 1 과)

可以看出，总体上升趋势减缓，同时需求方物价压力偏低现象将持续。

例② 달의 자전과 공전 주기는 27.3 일로 모두 같아 지구에서는 달의 뒷면을 볼 수 없다. (제 6 과)

由于月球的自转和公转周期都是 27.3 天，所以在地球上我们无法看到月球的背面。

例③ 인류 최초의 달 뒷면 탐사를 통해 달의 지형과 토양 구성 요소, 기타 과학적 데이터 등 직접 정보를 얻을 수 있을 것이다. (제 6 과)

人类通过首次对月球背面进行探测，可以直接获取有关月球地形、土壤的构成要素，以及其他科学数据。

例④ 곁에 두고 오래 쓸 수 있는 가구를 지향해 '품질 1 위'로 인정받고 싶다. (제 10 과)

质量求第一，让顾客用得更长久，希望得到顾客的认可。

例⑤ 따라서 이 개미는 집게 턱 개미와는 달리 상대방을 치명적인 턱으로 물 수 없다. (제 11 과)

所以这种蚂蚁与大齿猛蚁不同的是无法用它的超级腭骨咬住对方。

例⑥ 공교육 테두리에서 학생을 보듬을 수 있는 시스템을 잘 구축해야 한다. (제 14 과)

应当建立完善的教学机制，在公共教育范畴内让所有的学生都能够接受正当的教育。

☞ 可以照顾到所有学生的教学体系。

例⑦ 한 송이에 무려 2 만원이 넘지만 씨가 없고 껍질째 먹을 수 있다.(제 15 과)

一串售价高达 2 万多韩元，无籽，可带皮吃。

例⑧ 가방은 비싸서 선뜻 사기 부담스럽지만 지갑, 운동화, 선글라스 등은 마음 먹으면 살 수 있는 가격대라 평소에도 눈여겨본다. (제 16 과)

手提包太贵买不起，但是钱包、运动鞋、墨镜这些东西，价格还能够承受得起，所以平时会留心看。

☞ 买得起。

例⑨ 이들은 중고가 제품보다 남들이 쉽게 살 수 없는 고가 명품을 찾는다. (제 16 과)

他们更青睐于无人问津的高价商品。

例⑩ 건축 실내에서 광활하게 쏟아져 내리는 자연의 빛은 그가 유리를 단순히 소재로서 사용한 것이 아닌, 자연환경과 건축의 조화를 꾀하고자 한 의도라고 볼 수 있겠지요. (제 20 과)

当自然光线从室外穿过透明的玻璃自然倾泻到室内时，我们可以领会到，玻璃不再是单纯的建筑材料，而是设计者通过玻璃将自然环境与建筑融为一体的独特构思。

3. -다가

连接语尾。

1) 表示前面的行为或状态是产生后面情况的原因或根据。

例① 2 년간 국내에서 PEET(약학대학 입문 자격시험)를 봤지만, 번번이 낙방하다가 대안으로 일본행을 택했다. (제 4 과)

两年内多次参加国内药学院入学考试（PEET）均落榜，所以选择去日本留学。

☞ 原因是经常落榜。

2) 表示某种行为或状态中断，转换到另一种行为或状态。

例② 이후 한동안 달 주변을 돌다가 내년 1 월 초 달에 착륙할 예정이다. (제 6 과)

之后围绕月球飞行一段时间，计划明年 1 月初在月球上着陆。

☞ 意思是从飞行状态转换到着陆状态。

4. 이번이 처음이다

句型，由名词"이번"、助词"이"、名词"처음"和"이다"组合而成，表示"这是首次"的意思。

例① 중국에 해저 고속철 터널이 들어서는 것은 이번이 처음이다. (제 5 과)

这是中国国内首条海底高铁隧道。

例② 인류가 달의 뒷면을 탐사하는 우주선을 발사한 것은 이번이 처음이다. (제 6 과)

这是人类首次向月球背面发射宇宙探测器。

5. -(으)ㄹ 예정

句型，由语尾"-(으)ㄹ"、名词"예정"组合而成。"-을 예정"接在有收音（除收音"ㄹ"）的动词词干后面，"-ㄹ 예정"接在没有收音的动词词干或以收音"ㄹ"结尾的动词词干后面，表示事情或动作即将发生，类似汉语的"打算……, 计划……,

예정······".

예① 이통 3 사는 5G 데이터와 와이파이 데이터를 상호 변환해 노트북 PC 나 태블릿 PC 등 기기에 연결하는 동글 단말을 통해 서비스를 시작할 예정이다.(제 2 과)

5G 商用服务的内容将由三家移动公司通过 5G 数据和无线网络数据交换信息后传输到电脑、平板等终端显示屏。

예② 신설 융저우(甬舟) 철도 일부 구간이 해저 터널 방식으로 건설될 예정이다. (제 5 과)

新设甬舟铁路中的一部分将接轨海底隧道。

예③ 창어-4 호는 5 일간 비행해 달 주변에 도착할 예정이다. 이후 한동안 달 주변을 돌다가 내년 1 월 초 달에 착륙할 예정이다. (제 6 과)

嫦娥四号预计五天后抵达月球附近,之后围绕月球飞行一段时间,计划明年 1 月初在月球上着陆。

연습 문제 练习题

1. 다음 내용 중 본문 내용과 같은 것을 고르십시오. (　　)
请选出下面内容中与本文内容相同的选项。
1) 12 월 8 일에 발사한 창어-4 호 무인 우주선은 5 일간 달 주변을 돌다가 착륙할 예정이다.
2) 여태까지 지구는 달 뒷면을 본 적 없었다.
3) 췌차오는 창어-4 호와 같이 달 뒷면에 진입할 예정이다.
4) 창어-4 호는 달 뒷면 평야에 착륙해 임무를 수행할 예정이다.

2. 본문 내용을 읽고 다음 질문에 답해 보십시오.
阅读本课内容后请回答以下问题。
1) 창어-4 호가 달 뒷면 착륙할 과정을 이야기해 보십시오.

2) 창어-4 호가 가지는 역사적 의미를 이야기해 보십시오.

번역문 译文

第6课 中国实现人类首次向月球背面发射探测器的梦想

由于月球的自转和公转周期都是27.3天,所以在地球上我们无法看到月球的背面。为揭开月球背面神秘的面纱,中国成功发射嫦娥四号探测器,这是人类首次向月球背面发射宇宙探测器。

根据中国新华通讯社的报道,8日(当地时间)凌晨2时23分,在位于中国西南部的四川省西昌卫星发射中心,长征三号乙运载火箭成功发射了嫦娥四号探测器,嫦娥四号探测器后续将在地球背面实现软着陆。

嫦娥四号预计五天后抵达月球附近,之后围绕月球飞行一段时间,计划明年1月初在月球上着陆。

因为在地球上无法看到月球背面,一旦探测器进入月球背面就会与地球失去联系,所以探测器暂时不会马上落到月球背面。

中国国家航天局(CNSA)将通过5月21日发射的鹊桥中继卫星来解决这个问题,着陆月球背面的嫦娥四号将通过鹊桥中继卫星保持与地球观测站的通信联系。

嫦娥四号的着陆点位于月球背面的南极,在直径为180公里的冯·卡门环形山(陨石撞击坑)地区。在那里嫦娥四号将对月球背面的表面土壤、矿石成分进行分析,并执行天文观测等任务。

嫦娥四号探测器项目执行总监张熇说:"人类通过首次对月球背面进行探测,可以直接获取有关月球地形、土壤的构成要素,以及其他科学数据,这将有利于人类对月球和宇宙的探索。"

2018年12月8日《朝鲜日报》

4단원 건강

四単元　健康

제7과　하루 믹스커피 5잔 먹으면 발생할 수 있는 질환

본문 原文

　　하루에 믹스커피를 5잔(100ml/잔) 이상 마시는 사람은 믹스커피를 1잔을 마시는 사람보다 대사증후군에 걸릴 확률이 1.5배 높다는 <u>연구결과가 나와 눈길을 끈다</u>. 이는 과량의 카페인을 섭취하면, 스트레스호르몬인 '코르티솔'이 신진대사를 <u>방해하기</u> 때문이다.

　　대사증후군은 성인병인 고혈당, 비만, 고혈압 등의 여러 병이 갑자기 나타나는 상태를 의미한다. 지방간, 폐쇄성 수면 무호흡증으로 이어질 수 있다. 심할 경우 급성 심근경색으로 사망에 <u>이를</u> 수도 있다. 치료법으로는 평소에 건강한 식이와 규칙적인 운동으로 정상체중을 유지하는 것이다.

　　경희대학교 식품영양학과 제유진 교수팀은 2012년<u>부터</u> 3년간 보건복지부 한국 건강 영양조사에 쌓인 19~64세 우리나라 성인 8387명의 임상데이터를 분석해 이 같이 결과를 확인했<u>다고</u> 8일 <u>밝혔다</u>. 이후 연구팀은 믹스커피를 마시는 횟수에 따라 1잔(2804명), 1~2잔(3609명), 3~4잔(1488명), 5잔(486명)이상 등 4그룹으로 나눠 대사증후군의 발병률을 비교했다.

　　연구결과, 믹스커피를 하루 1잔 마시는 사람이 대사증후군에 걸릴 확률은 13%(372명), 1~2잔은 15%(576명), 3~4잔은 17%(253명), 5잔 이상은 20%(99명)

으로, 믹스커피를 많이 마실수록 대사증후군에 걸릴 확률이 높아졌다. 또 믹스커피를 5잔 이상 마시는 사람은 고혈당 발병률이 24%로, 1잔 마시는 사람의 수치인 17%보다 7%포인트 높았다. 교육수준, 성별 등은 실험결과에 영향을 미치지 않았다.

　　최근 믹스커피를 하루 2잔 이상 마실수록 당뇨에 걸릴 위험이 2배 높다는 연구결과가 나왔다. 이에 연구진은 믹스커피 속 설탕과 프림이 대사증후군에 미치는 영향을 밝히고자 했다. 설탕과 프림을 선호하는 사람의 생활습관을 규명한다면, 대사증후군을 고치는 올바른 치료법의 개발로 이어질 수 있기 때문이다.

　　추가 연구에서는 믹스커피를 하루 5잔 이상 마시는 사람이 믹스커피를 1잔 마시는 사람보다 평균 500킬로칼로리(kcal)를 더 섭취하는 것으로 나타났다. 제유진 교수는 "이번 연구는 한국인의 믹스커피 소비량과 대사증후군 발병과의 연관성을 규명한 최초의 연구"라고 강조했다.

　　이번 연구결과는 국제학술지 '브리티쉬 저널 오브 뉴트리션(영국영양학학회지·British Journal of Nutrition)' 12월호에 실렸다.

2018년 12월 10일 〈네이버 건강길라잡이〉

단어 单词

믹스커피[名词]速溶咖啡
대사증후군[名词]代谢症候群
확률[名词]概率
카페인[名词]咖啡因
스트레스[名词]压力，紧张
호르몬[名词]荷尔蒙
코르티솔[名词]皮质醇
고혈당[名词]高血糖
비만[名词]肥胖
고혈압[名词]高血压
지방간[名词]脂肪肝
이어지다[自动词]相接，接上，连上
심근경색[名词]心肌梗死
이르다[自动词]抵达，到达，达
식이[名词]饮食，食物
규칙적[名词][冠形词]规则的，规律的
횟수[名词]次数
발병률[名词]发病率
프림[名词]咖啡伴侣

규명하다[他动词]查明，澄清，查清
킬로칼로리[名词]大卡，千卡
섭취하다[他动词]摄取，摄入
소비량[名词]消费量
실리다[被动词]被刊登，被登载，被装载（"싣다"的被动形式）

어휘와 표현 词汇及表达

폐쇄성 수면 무호흡증 阻塞性睡眠呼吸暂停综合征
브리티쉬 저널 오브 뉴트리션[期刊名]*British Journal of Nutrition*
제유진[人名]齐优贞（音译），庆熙大学食品营养学系教授
눈길을 끈다 引起关注，抢眼
임상데이터 临床数据

문법 해석 및 문장 표현 语法解释及句型使用

1. -(으)ㄹ수록

连接语尾，"-을수록"接在有收音（除收音"ㄹ"）的动词或形容词词干后面，"-ㄹ수록"接在没有收音的动词或形容词词干或以收音"ㄹ"结尾的动词或形容词词干后面、"이다""아니다"的词干后面，表示前面的情况或程度加重或加深时，后面的结果也成比例地增加或减少，类似汉语的"越来越……"。

例① 믹스커피를 많이 마실수록 대사증후군에 걸릴 확률이 높아졌다. （제 7 과）
喝速溶咖啡次数越多，代谢症候群发病率也越高。

例② 최근 믹스커피를 하루 2 잔 이상 마실수록 당뇨에 걸릴 위험이 2 배 높다는 연구결과가 나왔다. （제 7 과）
最近研究还显示，一天喝两杯以上速溶咖啡的人患糖尿病的危险也增加两倍。

例③ 소음에 노출될수록 스트레스 호르몬이 많이 분비된다. （제 12 과）
暴露在强度噪音下的时间越长压力荷尔蒙就分泌得越多。

2. -다면，-는다면，-ㄴ다면

连接语尾，"-다면"接在形容词词干或语尾"-았/었/였-""-겠-"或"있다/없다"词干后面，"-는다면"接在有收音（除收音"ㄹ"）的动词词干后面，"-ㄴ다면"接在没有收音的动词词干后面或以收音"ㄹ"结尾的动词词干后面，假设某种状况，并根据这一条件进行其他行为或使之处于某种状态中，类似汉语中的"如果，假如"。

例① 지금까지 '해상대교'를 통해서만 닿을 수 있는 지역이었다면, 이제 고속철이라는 교통수단이 하나 더 추가되기 때문. 이 또한 융저우 철도 건설에 주목하는 이유다. （제 5 과）

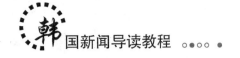

如果说舟山以前只有利用跨海大桥才能通往宁波,那么现在舟山又多了"高铁"这种交通手段,所以甬舟铁路的建设备受外界关注。

例② 설탕과 프림을 선호하는 사람의 생활습관을 규명한다면, 대사증후군을 고치는 올바른 치료법의 개발로 이어질 수 있기 때문이다. (제 7 과)

因为如果查明喜欢糖和咖啡伴侣这群人的生活习惯,或将发现治疗代谢症候群的可靠方法。

例③ 임산부가 스트레스를 받을 때 태아에 미치는 영향을 규명한다면, 조산, 미숙아 출생 등을 막을 수 있는 치료제의 개발로 이어질 수 있기 때문이다. (제 12 과)

因为如果能查明孕妇压力与早产儿和低体重婴儿的出生有直接关系,那么相关药物的研发将会得到进一步推进。

3. -고자 하다

句型,由语尾"-고자"、动词"하다"组合而成,接在动词词干后面,表示说话者想做某种行为的打算、意图或希望。

例① 이에 연구진은 믹스커피 속 설탕과 프림이 대사증후군에 미치는 영향을 밝히고자 했다. (제 7 과)

对此,研究团队打算公布速溶咖啡中糖和咖啡伴侣对代谢症候群的影响。

☞ 研究团队的意图是为了弄清速溶咖啡中糖和咖啡伴侣对代谢症候群的影响。

例② 이에 연구진은 임산부와 태아의 건강에 소음이 미치는 영향을 알아보고자 했다. (제 12 과)

为此,研究团队调查了噪音对孕妇和胎儿健康所产生的影响。

☞ 研究团队的意图是为了弄清噪音对孕妇与胎儿健康的影响。

例③ <농촌진흥청 기술지원과장>"신품종 과일에 대한 전문가 평가를 통해서 시장이 원하는 상품을 생산자가 만들어 낼 수 있게끔 지원하고 결국은 농업인들의 소득 증대에 기여하고자…" (제 15 과)

(农村振兴厅技术支援部科长:)"厂家根据专家对新品种水果的评估研发生产出市场需求的新产品,对此我们给予鼓励和支持,最终还是为提高农民收入做贡献……。"

☞ 说话者的意图是希望通过水果新产品提高农民收入。

例④ 건축 실내에서 광활하게 쏟아져 내리는 자연의 빛은 그가 유리를 단순히 소재로서 사용한 것이 아닌, 자연환경과 건축의 조화를 꾀하고자 한 의도라고 볼 수 있겠지요. (제 20 과)

当自然光线从室外穿过透明的玻璃自然倾泻到室内时,我们可以领会到,玻璃不再是单纯的建筑材料,而是设计者通过玻璃将自然环境与建筑融为一体的独特构思。

☞ 贝聿铭使用玻璃的目的是希望阳光通过玻璃与室内空间融为一体。

4. 에 실리다

　　句型，由助词"에"、动词"실리다"组合而成，放在名词之后，表示"刊登在……"的意思。

　　例① 이번 연구결과는 국제학술지 '브리티쉬 저널 오브 뉴트리션(영국 영양학 학회지, *British Journal of Nutrition*)' 12월호에 실렸다. （제 7 과）

　　该研究成果已刊登在 12 月份的国际学术期刊 *British Journal of Nutrition* 上。

　　例② 이번 연구결과는 스포츠 생리학 분야 국제학술지 '스포츠 의학' 최신호에 실렸다. （제 8 과）

　　该研究结果已刊登在运动生理学领域国际期刊 *Sports Medicine* 的最新一期上。

　　例③ 이번 연구결과는 국제 학술지인 '싸이언스 오브 더 토탈 인바이론먼트 (종합환경과학, *Science of the Total Environment*)' 2019 년 1 월 호에 실렸다. （제 12 과）

　　该研究结果已发表在 2019 年 1 月的国际学术期刊 *Science of the Total Environment* 上。

5. 눈길을 끌다

　　句型，由名词"눈길"、助词"을"、动词"끌다"组合而成，表示"引人关注、格外迷人、抢眼、精彩、醒眼"的意思。

　　例　하루에 믹스커피를 5 잔(100ml/잔) 이상 마시는 사람은 믹스커피를 1 잔을 마시는 사람보다 대사증후군에 걸릴 확률이 1.5 배 높다는 연구결과가 나와 눈길을 끈다. （제 7 과）

　　有研究表明一天喝 5 杯速溶咖啡（100 毫升/杯）的人患上代谢症候群的概率比一天喝 1 杯速溶咖啡的人高 1.5 倍，该研究结果已经引起很多人的关注。

연습 문제 练习题

1. 다음 내용 중 본문 내용과 같은 것을 고르십시오. （　　）
请选出下面内容中与本文内容相同的选项。

　　1) 믹스커피 5 잔 이상 마시는 사람은 고혈당 발병률은 1 잔 마시는 사람보다 17%가 더 높다.

　　2) 믹스커피 속 설탕과 프림은 신진대사를 방해한다.

　　3) 이번 연구에서 교육수준, 성별은 실험결과에 미친 영향은 없다.

　　4) 믹스커피 5 잔 이상 마시는 사람은 카페인 과량 섭취했지만 킬로칼로리 더 섭취하지 않았다.

2. 본문 내용을 읽고 다음 질문에 답해 보십시오.
阅读本课内容后请回答以下问题。
1) 하루 믹스커피 5잔 마시면 발생할 수 있는 질환은 무엇입니까?

2) 대사증후군 및 치료법에 대해 이야기해 보십시오.

번역문 译文

第7课 一天喝5杯速溶咖啡容易引起的疾病

有研究表明，一天喝5杯以上速溶咖啡（100毫升/杯）的人患上代谢症候群的概率比一天喝1杯速溶咖啡的人高1.5倍，该研究结果已经引起很多人的关注。因为摄入过量的咖啡因会使压力荷尔蒙"皮质醇"妨碍新陈代谢。

代谢症候群是高血糖、肥胖、高血压等成人病突发的病前症状，可能会引发脂肪肝、阻塞性睡眠呼吸暂停综合征，严重时会出现急性心肌梗死而导致死亡。治疗方法是平时注意健康饮食，有规律地运动，维持正常体重。

庆熙大学食品营养学系的齐优贞（音译）教授团队从2012年开始研究，通过对近三年来在保健福利部"韩国健康营养调查"中登记的年龄在19—64岁之间的8387名公民的临场数据进行分析后，公布了上述研究结果。该团队还根据喝咖啡次数的多少，把被调查的公民按一天喝1杯（2804名）、1—2杯（3609名）、3—4杯（1488名）、5杯（486名）分成四组，对他们的代谢症候群发病率进行了比较。

研究结果显示，一天喝1杯的代谢症候群发病率为13%（372名），喝1—2杯的发病率为15%（576名），喝3—4杯的发病率为17%（253名），喝5杯的发病率为20%（99名）。喝速溶咖啡次数越多，代谢症候群发病率也越高。此外，一天喝速溶咖啡5杯以上的人高血糖发病率为24%，比一天喝1杯的人高血糖发病率（17%）要高出7%。此次调查中，教育程度以及性别等没有对实验结果产生影响。

最近研究还显示，一天喝2杯以上速溶咖啡的人患糖尿病的危险也增加两倍。对此，研究团队打算公布速溶咖啡中糖和咖啡伴侣对代谢症候群的影响。因为如果查明喜欢糖和咖啡伴侣这群人的生活习惯，或将发现治疗代谢症候群的可靠方法。

后续研究发现，一天喝5杯以上的人比一天喝1杯的人平均多摄入500千卡的卡路里。齐教授表示："本次研究第一次证明了韩国人速溶咖啡消费量和代谢症候群发病现象之间的关联性。"

该研究成果已刊登在12月份的国际学术期刊 *British Journal of Nutrition* 上。

2018年12月10日《NAVER 健康导读》

제 8 과   잠들기 직전에 하는 운동, 숙면에 방해될까

본문 原文

　잠들기 4시간 전 저강도 운동 숙면에 도움...잠자기 30분 전에는 끝내야
　날씨가 쌀쌀해지면 추운 바깥보다는 실내에서 보내는 시간이 늘기 마련이다. 실내에서 보내는 시간이 많아지면 신체활동이 줄기 때문에 겨울철에 살이 찌는 이들이 많다. 그래서 운동을 하겠다고 마음을 먹는 경우가 많지만 운동시간을 내기가 마땅치 않다. 학교를 가거나 직장에 있는 낮 시간보다는 밤 시간에 운동을 해야 하는데 늦은 시간 운동은 숙면에 방해한다는 이야기 때문에 피하기도 한다. 결국 이 핑계 저 핑계로 운동을 못하고 불어나는 살만 보면서 한탄하는 경우가 있는데 독일 연구진이 밤 시간에 가볍게 운동하는 것은 숙면에 방해가 되지 않는다는 연구결과를 발표했다.
　스위스 취리히연방공과대학(ETH) 운동생리학연구소 소장 크리스티나 스펭글러 교수팀은 잠들기 4시간 전에 하는 적당한 강도의 운동은 수면에 어떤 부정적인 영향도 미치지 않는다고 14일 밝혔다. 이번 연구결과는 스포츠 생리학 분야 국제학술지 '스포츠 의학' 최신호에 실렸다.
　실제로 수면 연구자들도 저녁에 운동을 하는 것은 수면의 질을 떨어뜨릴 가능성이 있다고 충고하는 경우가 많다. 그렇지만 스펭글러 교수팀은 운동과 수면의 상관관계를 연구한 기존 23개의 논문을 메타분석한 결과 "저~중강도의 운동은 수면의 질에 어떤 영향도 미치지 않으며 오히려 숙면에 도움을 줄 수도 있다"고 밝혔다.
　연구팀은 기존 데이터들을 분석한 결과 잠들기 4시간 전에 운동을 한 실험참가자들 21.2%는 숙면을 취했고 운동을 하지 않은 사람들이 숙면을 취한 비율은 19.9%로 나타났다. 깊은 수면이 신체기능 회복에 중요한 역할을 하는 만큼 둘 사이의 차이는 작아보이지만 통계적으로는 의미있는 수치라는 설명이다.
　그러나 연구팀은 잠들기 1시간 이내에 하는 운동이나 격렬한 고강도 운동은 수면에 악영향을 미칠 수 있다는 분석결과를 내놓기도 했다. 실제로 고강도의 운동을 한 사람들은 잠자리에 누운 1시간 정도 뒤까지도 안정되지 못하고 평소 심장 박동 수보다 분당 20회 정도가 빠른 것으로 나타났다.

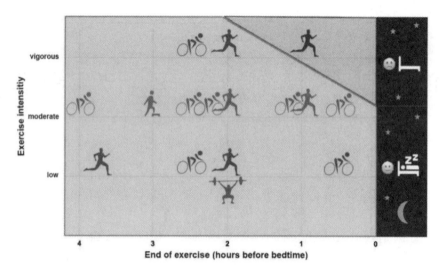

　　스팽글러 교수는 "낮 시간에 운동시간을 낼 수 없는 경우 밤에 운동을 하는 것도 문제가 되지 않는다는 것을 보여주는 연구"라며 "대신 잠들기 30 분 전에는 운동을 반드시 끝내야 하며 강도 높은 운동은 되도록 낮 시간에 하는 것이 필요하다"고 충고했다.

2018 년 12 월 15 일 〈서울신문〉

단어 单词

줄다[自动词]减少，缩小
마련[依存名词]以"-게(기) 마련이다"的形式，表示必然性、规律性
피하다[他动词]避开，躲避，忌讳
핑계[名词]借口
한탄하다[动词]叹息
수면[名词]睡眠
최신호[名词]最新一期
떨어뜨리다[他动词]使……掉下，使……落下
메타분석하다[动词]整合分析，综合分析
숙면[名词]熟睡，酣睡，沉睡，深度睡眠
취하다[他动词]获取，采取
만큼[依存名词]表示程度和数量，表示相似的程度或限度；[助词]表示相似的程度或限度
통계적[名词][冠形词]统计的
대신[名词]代替，而是；[副词]代替，代为
되도록[副词]尽可能，尽量
충고하다[动词]忠告

4 단원 건강

어휘와 표현 词汇及表达

취리히연방공과대학 苏黎世联邦理工学院（Swiss Federal Institute of Technology Zurich，ETH）

크리스티나 스펭글러[人名]克丽丝蒂娜·斯宾格勒（Christina M. Spengler），苏黎世联邦理工学院运动生理学实验室主任

스포츠 의학[期刊名]*Sports Medicine*

숙면을 취하다 进入深度睡眠

심장 박동 수 心率

문법 해석 및 문장 표현 语法解释及句型使用

1. -라는

句型，是由语尾"-라"、表示引用的助词"고"、动词"하다"的活用形式"하는"组成的"-라고 하는"的缩略形式。接在"이다"或"아니다"的词干后，表示引述说话内容或某种想法来修饰后面的内容。

例① 하지만 한국에서 PEET를 준비하는 시간과 비용을 감안하면 그리 비싼 게 아니<u>라는</u> 게 수험생들의 평가다. （제 4 과）
但是如果考虑到在韩国为了准备 PEET 考试所投入的时间和费用，考生们普遍认为日本药学院所花学费并不是很贵。

例② 저우산은 바다 건너 섬이<u>라는</u> 지리적 특성 때문에 그동안 철도 교통의 혜택을 받지 못했다. （제 5 과）
舟山作为一个岛屿城市，因为地域特点长期以来一直不能享受到铁路开通所带来的各种便利。

例③ 이제 고속철이<u>라는</u> 교통수단이 하나 더 추가되기 때문. 이 또한 융저우 철도 건설에 주목하는 이유다 . （제 5 과）
现在舟山又多了"高铁"这种交通手段，所以甬舟铁路的建设备受外界关注。

例④ 통계적으로 의미있는 수치<u>라는</u> 설명이다. （제 8 과）
（研究人员表示）从统计学角度来看是有价值的两个数值。

例⑤ 이들 국가의 공통점은 유교문화권이<u>라는</u> 것. （제 10 과）
这几个国家都有一个共同点，就是"同属儒家文化圈"。

例⑥ '샤인머스캣'이<u>라는</u> 포도 들어보셨습니까? （제 15 과）
听说过"枥果葡萄"吗？

例⑦ 뒤이어 소망의 불꽃이<u>라는</u> 주제로 무대를 채운 솟대에서 피어오르는 불꽃과 함께 2 시간여 개회식의 마침표를 찍었다. （제 17 과）
接着是以"希望火焰"为主题的烟花燃放，体育场内火焰跳动，烟花绽放，为两个多小时的开幕式画上了圆满的句号。

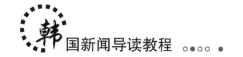

例⑧ 그러나 더욱 놀라웠던건, 서양예술의 심장부인 이 루브르 박물관의 건축디자이너가 바로 중국 출신 이오 밍 페이(贝聿铭)라는 것이었습니다. (제 20 과)

然而，更让人惊讶的是，设计这个西方艺术殿堂——卢浮宫博物馆玻璃金字塔的建筑大师来自中国，名叫贝聿铭。

2. 만큼

1) 助词，接在名词后面，表示与前句类似的程度或限度。

例① 그 속도는 KTX <u>만큼</u> 빠른 시속 320km 에 달한다. (제 11 과)

其速度相当于 KTX 高铁，达到每小时 320 公里。

2) 依存名词，由语尾 "-는/-(으)ㄴ/-(으)ㄹ"、依存名词 "만큼" 组成 "-는/-(으)ㄴ/-(으)ㄹ 만큼" 的句型，"-는 만큼" 接在动词词干和 "있다" "없다" 词干后面，"-은 만큼" 接在有收音（除收音 "ㄹ"）的形容词和动词词干后面，"-ㄴ 만큼" 接在没有收音的形容词和动词词干、以收音 "ㄹ" 结尾的动词和形容词词干、"이다" "아니다" 词干后面，"-을 만큼" 接在有收音（除收音 "ㄹ"）的形容词和动词词干、语尾 "-았/었/였-" 后面，"-ㄹ 만큼" 接在没有收音的形容词和动词词干、以收音 "ㄹ" 结尾的动词和形容词词干、"이다" "아니다" 词干后面，表示前句内容成为后句内容的原因或根据。

例② 깊은 수면이 신체기능 회복에 중요한 역할을 <u>하는</u> <u>만큼</u> 둘 사이의 차이는 작아 보이지만 통계적으로는 의미있는 수치라는 설명이다. (제 8 과)

研究人员表示，深度睡眠有助于身体机能的恢复，因此两者之间虽然差距较小，但从统计学角度来看是有价值的两个数值。

☞ "의미있는 수치라는 설명이다" 翻译成 "是有价值的两个数值"。

例③ 전국 투어가 마무리 될 즈음 총 9 만여 관객이 동원될 것으로 점쳐지<u>는</u> <u>만큼</u> '가요계 여제' 이선희가 만들어낼 또 한 번의 레전드급 기록 탄생에 초미의 관심이 집중되고 있다. (제 19 과)

全国巡回演出接近尾声的时候，预计观看人数会达到 9 万余人次，因此人们对 "歌谣界女王" 李仙姬再次创造票房传奇给予高度关注。

例④ 파리예술의 중심부인 <u>만큼</u>, 당연히 루브르 박물관은 고전주의풍의 건축물일거라 생각했다. (제 20 과)

作为巴黎艺术的中心地，我想象卢浮宫博物馆一定是一座充满古典主义色彩的建筑物。

3. -기

语尾，接在动词、形容词、"이다" "아니다" 的词干或语尾 "-았/었/였-" 后面，使其名词化，在句子中充当主语、宾语等成分。

例①	늘다	→	늘기 (제 8 과)	增加，增长
例②	인사를 나누다	→	인사를 나누기 (제 17 과)	寒暄
例③	이어가다	→	이어가기 (제 19 과)	继续
例④	선사하다	→	선사하기 (제 19 과)	馈赠

例⑤	변호하다	→	변호하기（제 20 과）	辩护
例⑥	기리다	→	기리기（제 20 과）	称颂
例⑦	장악했다	→	장악했기（제 20 과）	掌握

4．-기 마련이다

句型，由语尾"-기"、依存名词"마련"和"이다"组合而成，接在动词词干后，表示"理所当然"的意思，多用于一般的、规律性的常理或真理、格言、俗语等，类似汉语的"总会、总是要、免不了"。

例 날씨가 쌀쌀해지면 추운 바깥보다는 실내에서 보내는 시간이 늘<u>기</u> <u>마련이다</u>.（제 8 과）

天气寒冷，在外出机会减少的同时，免不了待在室内的时间会增多。

5．-거나

连接语尾，接在动词词干后面，表示在前后两个选择项中选择一个。

例① 학교를 가<u>거나</u> 직장에 있는 낮 시간보다는 밤 시간에 운동을 해야 하다.（제 8 과）

白天要去学校或者要去上班，无法运动，相比之下晚上应该可以运动了。

例② 진딧물과 공생하<u>거나</u> 혹은 식물과 공생하는 개미까지 온갖 방법으로 번영을 누리는 곤충이 개미다.（제 11 과）

还有与蚜虫共存或与植物共存的蚂蚁，是一种通过各种办法来繁殖的昆虫。

例③ 대신 엄청난 탄성 에너지를 이용해서 상대방을 튕겨내<u>거나</u> 혹은 자신이 튕겨 나간다.（제 11 과）

而是通过特别强大的弹力给敌人致命的打击或者弹跳逃离。

6．발표하다

他动词，发表、公布。

例① 독일 연구진이 밤시간에 가볍게 운동하는 것은 숙면에 방해가 되지 않는다는 연구결과를 <u>발표했다</u>.（제 8 과）

德国某研究团队公布的研究结果显示，晚上适度运动不会妨碍深度睡眠。

例② 세계기상기구(WMO)는 2018 년 전 지구 기후특성에 대한 잠정보고서를 30 일 <u>발표했다</u>.（제 9 과）

世界气象组织 30 号发布了 2018 年全球气候特征的临时报告书。

7．충고하다

他动词，劝告、建议。

例 (교수님은) "대신 잠들기 30 분 전에는 운동을 반드시 끝내야 하며 강도 높은 운동은 되도록 낮 시간에 하는 것이 필요하다"고 <u>충고했다</u>.（제 8 과）

(教授)建议大家"应该在睡前30分钟前结束运动，高强度运动尽可能地安排在白天做".

연습 문제 练习题

1. 다음 내용 중 본문 내용과 같은 것을 고르십시오. (　　)
请选出下面内容中与本文内容相同的选项。
1) 날씨가 추워지면 사람들은 운동을 많이 하기 마련이다.
2) 잠자기 4시간 전 강력한 운동을 하면 숙면에 좋다.
3) 깊은 수면은 신체기능 회복에 그다지 큰 영향은 없다.
4) 잠자기 30분 전 운동을 멈추는 게 좋다.

2. 본문 내용을 읽고 다음 질문에 답해 보십시오.
阅读本课内容后请回答以下问题。
1) 왜 잠들기 4시간 전에 하는 적당한 강도의 운동은 수면에 부정적인 영향을 미치지 않습니까?

2) 크리스티나 스펭글러 교수팀의 연구결과에 따르면 잠들기 직전에 어떻게 운동해야 숙면에 방해되지 않습니까?

번역문 译文

第8课　入睡之前做运动是否有碍深度睡眠

入睡四小时之前做适度运动有助于深度睡眠，睡觉30分钟之前应该停止运动。

天气寒冷，在外出机会减少的同时，免不了待在室内的时间会增多。待在室内的时间变多，身体活动的时间就变少，所以冬天长胖的人较多。因此，即使常常下决心要多做运动，也因各种原因无法做到。白天要去学校或者要去上班，无法运动，相比之下晚上应该可以运动了，又因太晚运动影响深度睡眠的说法而有所顾忌。最后这借口那借口，运动没做成，望着渐长的体重一筹莫展。德国某研究团队公布的研究结果显示，晚上适度运动不会妨碍深度睡眠。

苏黎世联邦理工学院运动生理学实验室主任克丽丝蒂娜·斯宾格勒教授团队本月14日表示："入睡四小时之前适度运动不会对睡眠产生任何负面影响"。该研究结果已刊登在运动生理学领域国际期刊 *Sports Medicine* 的最新一期上。

事实上，睡眠研究人员曾多次表示，晚上运动会妨碍睡眠质量。斯宾格勒教授团队对运动和睡眠相关的 23 篇论文进行了综合分析，并指出："睡前适度运动并不会对睡眠产生任何负面影响，反而对深度睡眠有帮助。"

研究团队通过综合分析发现，入睡 4 小时之前进行运动的小组中有 21.2%的人表示深度睡眠良好，睡前不运动的小组中仅 19.9%的人表示深度睡眠良好。研究人员表示，深睡眠有助于恢复身体机能，因此，两者之间虽然差距较小，但从统计学角度来看是有价值的两个数值。

但是，研究团队也提供了另一个分析结果：入睡前 1 小时内运动或者进行高强度运动会影响睡眠质量。调查发现，进行过高强度运动的人，卧床约 1 小时后，也不能完全平静下来，每分钟心跳次数要比平时快 20 下。

斯宾格勒教授表示，该研究项目的目的是告诉大家"白天没时间运动的人，晚上适度运动并不会导致睡眠问题"，同时建议大家"应该在睡前 30 分钟前结束运动，高强度运动尽可能地安排在白天做"。

2018 年 12 月 15 日《首尔新闻》

5단원 생활

五单元 生活

제 9 과 지구 평균기온, 최근 4 년간 1~4 위

 본문 原文

　세계기상기구(WMO)는 2018 년 전 지구 기후특성에 대한 잠정보고서를 30 일 발표했다. 지난 4 년간 지구의 평균기온이 역대 1 위부터 4 위까지 기록하며 가장 높았던 것으로 나타났다. 2016 년 1 위 15 년•17 년 순…올해 14.8 도 네번째, 2017 년 온실가스 작년 역대 최고치…북극 해빙면적도 적어

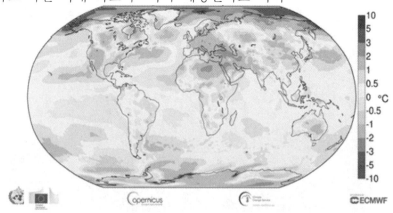

1~10 월 전 지구 기온 편차 분포

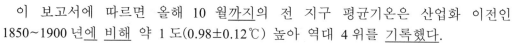

이 보고서에 따르면 올해 10월까지의 전 지구 평균기온은 산업화 이전인 1850~1900년에 비해 약 1도(0.98±0.12℃) 높아 역대 4위를 기록했다.

전 지구 평균기온이 높았던 순위 1~20위는 1997년부터 올해까지의 22년간 나타났다. 특히 그 중에서도 4위까지가 지난 4년간이었다고 WMO는 전했다. 역대 전 지구 기온이 가장 높았던 시기는 2016년이었고 2015년, 2017년, 2018년 순이었다.

우리나라의 경우 올해 평균기온은 14.8도로 평년(1981~2010년)기온인 14.1도보다 0.7도 높았으며, 기상관측이 시작된 1973년 이후 6번째로 높은 기온을 기록했다.

지구 온난화에 따른 북극 해빙(바다 위 얼음)면적은 올해 내내 평년보다 매우 적은 수준을 유지했고, 특히 1~2월 동안 기록적으로 적은 수준이었다.

북극 해빙의 연중 최대 면적은 3월, 최소 면적은 9월에 나타나는 데 각각 역대 세 번째, 여섯 번째로 적은 면적을 기록할 정도였다.

기후변화의 주요한 요인으로 꼽히는 온실가스의 경우 지난해 농도가 역대 최고치를 찍었다. 이산화탄소(CO_2)의 경우 405.5±0.1ppm, 메탄(CH_4)은 1859± 2ppb, 이산화질소(NO_2)는 329.9±0.1ppb 였는데, 이는 산업화 이전 대비 각각 146%, 257%, 122% 증가한 수준이다.

2018년 11월 30일 〈동아일보〉

단어 单词

잠정[名词]（用于部分名词之前）暂定，暂行，临时
북극[名词]北极
편차[名词]偏差，误差
분포[名词]分布
산업화[名词]产业化
역대[名词]历届，史无前例，史上
대하다[自动词]组成 "에 대하여, 에 대한"的结构使用, 对, 对于
평년[名词]往年, 平年
온난화[名词]变暖现象，温室效应
기록적[名词][冠形词]值得记录的，创纪录的
온실가스[名词]温室气体
최고치[名词]最高值
이산화탄소[名词]二氧化碳
메탄[名词]甲烷，沼气
이산화질소[名词]二氧化氮

어휘와 표현 词汇及表达

세계기상기구[专有名词] 世界气象组织（World Meteorological Organization，WMO）
잠정보고서 临时报告书
해빙면적 海冰面积
기상관측 气象观测
지구 온난화 地球变暖
최고치를 찍다 创历史新高

문법 해석 및 문장 표현 语法解释及句型使用

1. 에 대한, 에 대해(서)

句型，由助词"에"、动词"대하다"的活用形式"대한"组合而成，或者由助词"에"、动词"대하다"的活用形式"대해(서)"组合而成，接在名词或代词或名词性句型后，表示其为后面内容的对象，类似汉语的"关于，对……"。

例① 이는 달과 우주에 대한 인류의 이해를 증진하는 데 도움이 될 것이다. (제6과)
这将有利于人类对月球和宇宙的探索。
☞ 探索内容是月球和宇宙。

例② 세계기상기구(WMO)는 2018년 전 지구 기후특성에 대한 잠정보고서를 30일 발표했다. (제9과)
世界气象组织30号发布了2018年全球气候特征的临时报告书。
☞ 临时报告书内容是2018年全球气候特征。

例③ 강 대표는 중국 시장에 대한 관심도 나타냈다. (제10과)
姜总经理对中国市场也颇感兴趣。

例④ 강 대표는 "중고시장에서 소비자들이 '일룸' 브랜드를 내걸고 파는 걸 보고 품질에 대한 자부심을 느끼고 있다"고 했다. (제10과)
姜总经理说:"在家具二手市场看到了恰伦家具,增加了我对恰伦产品质量的信心。"
☞ 对产品质量充满自信。

例⑤ 앞으로도 이들에 대한 연구가 계속될 것이다. (제11과)
对它们的研究还会继续下去。
☞ 研究内容是其他动物。

例⑥ 향후 만 35세 이하 대학생에 대해서는 소득 분위와 무관하게 취업 후 상환 대출로 일원화하는 방안을 마련하라"고통보했다. (제13과)
通报要求,以后年满35岁以下的大学生申请助学金贷款,可无须收入等级就能申请到就业后偿还式助学贷款。
☞ 关注对象为年满35岁以下的大学生。

5 단원 생활

例⑦ 부산시 의회 의원은 20 일 부산시 교육청에 대한 행정 사무감사에서 교육청의 학업중단 예방시스템의 문제점을 지적하고 개선을 촉구했다. (제 14 과)
釜山市议员在 20 日举行的关于釜山市教育局行政事务监察工作会议上指出了学业中断预防体系上的问题，督促教育局整改退学应急方案。
☛ 行政事务检查对象是釜山市教育局。

例⑧ <농촌진흥청 기술지원과장> "신품종 과일에 대한 전문가 평가를 통해서 시장이 원하는 상품을 생산자가 만들어 낼 수 있게끔 지원하고 결국은 농업인들의 소득 증대에 기여하고자…" (제 15 과)
（农村振兴厅技术支援部科长：）"厂家根据专家对新品种水果的评估，研发生产出市场需求的新产品，对此我们给予鼓励和支持，最终还是为提高农民收入做贡献……"
☛ 专家评估的内容是新品种水果。

例⑨ 현장에 참석하지 못했던 이선희는 아쉬움과 수상에 대한 기쁨을 영상을 통해 대신 전했다. (제 19 과)
未能出席颁奖典礼的李仙姬通过视频向现场观众表达了歉意和关于获奖后的愉悦心情。
☛ 开心是因为获奖。

2. -다고 전하다

句型，由语尾"-다"、表示引用的助词"고"、动词"전하다"组合而成。"-다고 전하다"用于形容词词干或语尾"-았/었/였-，-겠-"或"있다/없다"词干后面，"-는다고 전하다"接在有收音（除收音"ㄹ"）的动词词干后面，"-ㄴ다고 전하다"接在没有收音的动词词干后面或以收音"ㄹ"结尾的动词词干后面，"-라고 전하다"接在"이다"或"아니다"词干后面，表示引用、转述。

例① 특히 그 중에서도 4 위까지가 지난 4 년간이었다고 WMO 는전했다. (제 9 과)
世界气象组织特别指出，过去的四年包揽了最热天气的前四名。

例② 이선희 소속사 측은 "이번에도 역시 이런 팬들의 성원에 보답하기 위해 투어 일정을 2019 년까지 이어가기로 결정했다"고 전했다. (제 19 과)
李仙姬所属经纪公司表示："为了回馈粉丝们的厚爱，本次演唱会日程决定安排到 2019 年。"

3. -ㄴ/은/는 수준

句型，由语尾"-ㄴ/은/는"、名词"수준"组合而成。"-은 수준"接在有收音（除收音"ㄹ"）的动词或形容词词干后面，"-ㄴ 수준"接在没有收音、以收音"ㄹ"结尾的动词或形容词词干或"이다""아니다"的词干后面，"-는 수준"接在动词词干或"있다""없다"的词干后面，表示程度、水平、标准。

例① 지구 온난화에 따른 북극 해빙(바다 위 얼음)면적은 올해 내내 평년보다 매우 적은 수준을 유지했고, 특히 1~2 월 동안 기록적으로 적은 수준이었다.

(제9과)

地球变暖导致今年北极海冰（海洋中的河冰、冰山）面积一直低于往年平均值，特别是1—2月间创下了历史最低标准。

例② 이는 산업화 이전 대비 각각 146%, 257%, 122% 증가한 <u>수준</u>이다.（제9과）

与产业革命以前相比有所增加，分别增加了146%，257%，122%。

4. -ㄴ/은/는 것으로 나타나다

句型，由语尾"-ㄴ/은/는"、依存名词"것"、助词"으로"、动词"나타나다"组合而成。"-은 것으로 나타나다"接在有收音（除收音"ㄹ"）的动词或形容词词干后面，"-ㄴ 것으로 나타나다"接在没有收音、以收音"ㄹ"结尾的动词或形容词词干或"이다""아니다"的词干后面，"-는 것으로 나타나다"接在动词词干或"있다""없다"的词干后面，表示"发现……，据悉……"的意思。

例① 중소기업 직장인들은 휴가 사용에 있어서도 가장 제약이 많<u>은</u> <u>것으로</u> <u>나타났다</u>.（제3과）

（调查）发现中小企业上班族即便使用休假受到的限制也最大。

例② 추가 연구에서는 믹스커피를 하루 5잔 이상 마시는 사람이 믹스커피를 1잔 마시는 사람보다 평균 500킬로칼로리(kcal)를 더 섭취하<u>는</u> <u>것으로</u> <u>나타났</u><u>다</u>.（제7과）

后续研究发现，一天喝5杯以上的人比一天喝1杯的人平均多摄取500千卡的卡路里。

例③ 실제로 고강도의 운동을 한 사람들은 잠자리에 누운 1시간 정도 뒤까지도 안정되지 못하고 평소 심장 박동 수보다 분당 20회 정도가 빠<u>른</u> <u>것으로</u> <u>나</u><u>타났다</u>.（제8과）

调查发现，进行过高强度运动的人，卧床约1小时后，也不能完全平静下来，每分钟心跳次数要比平时快20下。

例④ 지난 4년간 지구의 평균기온이 역대 1위부터 4위까지 기록하며 가장 높았<u>던</u> <u>것으로</u> <u>나타났다</u>.（제9과）

（报告指出）过去四年地球平均气温是史上最高的四年。

☞ -았던, 参考第69页"-았던, -었던, -였던"。

例⑤ 연구결과 매일 8시간, 한달에 20일이상 85dB에 노출된 산모는 대조군보다 조산과 저체중아를 출산할 확률이 1.4배 높<u>은</u> <u>것으로</u> <u>나타났다</u>.（제12과）

研究结果显示，每日8小时，每月20天以上暴露在85分贝以上噪音环境下的孕妇，相比对照组（处于正常噪音下）的孕妇，其早产儿和低体重婴儿的出生比例高1.4倍。

例⑥ 더구나 장기연체 지연배상금（연체이자）금리가 시중은행보다 최대 3.8%포인트나 높<u>은</u> <u>것으로</u> <u>나타났다</u>.（제13과）

况且，长期拖欠还款者所支付的拖欠赔偿金利率比商业银行的利率高，有调查显示最多高出3.8%。

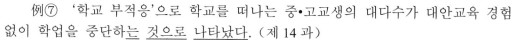

예⑦ '학교 부적응'으로 학교를 떠나는 중•고교생의 대다수가 대안교육 경험 없이 학업을 중단하는 것으로 나타났다. (제 14 과)
据悉, "因不适应学校生活"而退学的初、高中生大部分面临无替代型教育的困境。
예⑧ 하지만 학업 중단 중•고생 가운데 대안교육 위탁 교육기관에서 교육을 받은 사례는 극소수인 것으로 나타났다. (제 14 과)
然而, 退学的初、高中生中只有极少数人在委培教育机构进行替代型教育。

5. 기록하다

他动词, 记录, 记下, 创下……纪录。
예① 이 보고서에 따르면 올해 10 월까지의 전 지구 평균기온은 산업화 이전인 1850~1900 년에 비해 약 1 도(0.98±0.12℃) 높아 역대 4 위를 기록했다. (제 9 과)
根据该报告书的内容, 截至今年 10 月, 全球平均气温已创下历史第四的高温纪录, 比产业革命（1850—1900 年）以前大约高出 1 摄氏度（0.98±0.12℃）。
예② 우리나라의 경우 올해 평균기온은 14.8 도로 평년(1981~2010 년) 기온인 14.1 도보다 0.7 도 높았으며, 기상관측이 시작된 1973 년 이후 6 번째로 높은 기온을 기록했다. (제 9 과)
我国今年平均气温为 14.8 摄氏度, 比往年（1981—2010 年）的 14.1 摄氏度高出 0.7 摄氏度, 这是自 1973 年有气象观测记录以来, 出现的第六次高温天气。

6. 최고치를 찍다

句型, 由名词"최고치"、助词"를"、动词"찍다"组合而成, 表示"创下历史最高值"的意思。
예 기후변화의 주요한 요인으로 꼽히는 온실가스의 경우 지난해 농도가 역대 최고치를 찍었다. (제 9 과)
作为气候变化主要原因的温室气体, 其浓度去年创下历史最高值。

연습 문제 练习题

1. 다음 내용 중 본문 내용과 같은 것을 고르십시오. (　　)
请选出下面内容中与本文内容相同的选项。
1) 2018 년 평균기온은 산업화 이전에 비해 역대 4 위를 기록했다.
2) 전 지구 기온이 높았던 1 위부터 4 위까지는 2015 년, 2016 년, 2017 년, 2018 년이었다.
3) 올해 3 월에 북극 해빙 면적은 기록적으로 적었다.
4) 메탄은 기후변화의 주요한 요인으로 꼽힌다.

2. 본문 내용을 읽고 다음 질문에 답해 보십시오.
阅读本课内容后请回答以下问题。
1) 세계기상기구가 발표한 잠정보고서에 따라 2018 년 전 기구 기후특성에 대

해 이야기 해보십시오.

2) 지구 온난화의 주요원인에 대해 이야기 해보십시오.

번역문 译文

第9课 过去4年是史上最热的四年

世界气象组织30号发布了2018年全球气候特征的临时报告书,指出过去四年地球平均气温是史上最高的四年。2016年最热,其次是2015年和2017年。今年14.8摄氏度,排名第四。2017年温室气体浓度创历史新高,北极海冰面积缩小。

根据该报告书的内容,截至今年10月,全球平均气温已创下历史第四的高温纪录,比产业革命(1850—1900年)以前大约高出1摄氏度(0.98±0.12 ℃)。

从1997年开始到今年的22年间,有20年列入全球平均气温最高年份。世界气象组织特别指出,过去的四年包揽了最热天气的前四名,依次为2016年、2015年、2017年和2018年。

我国今年平均气温为14.8摄氏度,比往年(1981—2010年)的14.1摄氏度高出0.7摄氏度,这是自1973年有气象观测记录以来,出现的第六次高温天气。

地球变暖导致今年北极海冰(海洋中的河冰、冰山)面积一直低于往年的平均值,特别是1—2月间创下了历史最低标准。

报告显示,北极海冰面积3月最大,9月最小,也都创下历史第三和第六的最小纪录。

作为气候变化主要原因的温室气体,二氧化碳(CO_2)、沼气(CH_4)、二氧化氮(NO_2)浓度去年创下历史最高纪录,分别为 405.5±0.1ppm、859±2ppb、329.9±0.1ppb,与产业革命以前相比有所增加,分别增加了146%、257%、122%。

2018年11月30日《东亚日报》

제 10 과 "매출 1 위보다 품질 승부...오래 쓰는 가구가 목표"

본문 原文

"저희는 해외 진출을 검토할 때 가장 우선순위로 두는 게 해당 국가의 '교육열'입니다."

지난달 30 일 서울 송파구 일룸 본사 옆에 있는 일룸의 디자인 스튜디오 '스튜디오 원'에서 만난 강성문 일룸 대표이사(47)는 해외 진출 현황을 묻는 질문에 대뜸 교육 얘기를 꺼냈다.

강 대표는 2007 년 퍼시스그룹이 설립한 가구 브랜드 일룸에 2015 년 대표이사로 취임했다. 일룸은 지난해 매출액 기준 가구업계에서 7 위다. 학생용 가구 전문 브랜드로 시작해 2013 년 종합가구브랜드로 변신했다. 디자인부터 생산, 유통까지 직접하고 있다. 일룸은 올해 싱가포르와 베트남 등에 매장을 열었다. 이들 국가의 공통점은 유교문화권이라는 것. 강 대표는 "일룸은 책상과 의자 등 아이들 교육용 가구에 강점이 있는데, 유교문화권은 교육열이 대체로 높아 승산이 있다고 본다"고 설명했다. 이들 국가에서 잘 팔리는 일룸의 상품들도 '팅클팝 피넛책상' 등 주로 교육용 가구다.

강 대표는 중국 시장에 대한 관심도 나타냈다. 지난해 시장 조사를 마친 일룸은 현재 알리바바 등 온라인 쇼핑몰을 통해 중국 소비자들에게 가구를 팔고 있다. 강 대표는 "중국은 쉽지 않은 시장"이라면서 "소비자 반응을 검토해 오프라인 매장으로 갈지 온라인 매장으로 갈지 결정할것"이라고 말했다.

활발히 해외 시장을 공략하고 있지만 강 대표는 일룸의 목표가 '가구업계 매출 1 위'가 아니라고 말했다. 곁에 두고 오래 쓸 수 있는 가구를 지향해 '품질 1 위'로 인정받고 싶다는 게 그의 생각이다. 강 대표는 "중고시장에서 소비자들이 '일룸' 브랜드를 내걸고 파는 걸 보고 품질에 대한 자부심을 느끼고 있다"고 했다. 가구 중고시장에서는 브랜드를 걸고 파는 일이 흔하지 않다.

그가 매출을 강조하진 않았지만 일룸은 매출 면에서도 급성장 중인 회사다. 2009 년 512 억 원이었던 매출액은 지난해 1923 억 원으로 껑충 뛰었다. 올해는 2300 억 원 가량의 매출을 기대하고 있다. 지난해 매출 기준으로 가구업계 7 위다. 매출이 급성장한 배경으로 강 대표는 "제품을 만드는 기본기에 마케팅을 강화해서 얻은 성과"라고 설명했다.

일룸은 3400 여 개 제품 중 리클라이너 소파 한 개를 제외하고는 자체 생산을 하고 있다. 가구업계에선 주문자상표부착생산(OEM) 방식으로 가구를 파는 경우

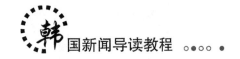

가 많다. 자체 생산 비중이 높은 일룸은 '디자인 경영'도 <u>강조하고</u> 있다. 최근엔 미국과 일본에서 디자인상을 수상하는 성과도 있었다.

　연말엔 1 인 가구의 증가에 맞춰 주거 공간에 배치하기 쉬운 가구 시리즈를 <u>선보일</u> 계획이다. 강 대표는 고객들의 라이프 스타일 변화나 원하는 공간 구성 변화 등을 직원들과 스터디하고 있다. 그는 "좁은 공간에서도 기능을 잘 발휘할 수 있는 가구 개발에 공을 들이고 있다"며 "버튼, 리모컨 등으로 간편하고 자유롭게 움직이는 모션베드는 숙면과 여가생활이 공존하는 1 인 가구의 침실 라이프에 어울리는 제품"이라고 말했다.

2018 년 11 월 7 일 〈동아일보〉

단어 单词

승부[名词]胜负，输赢，高低
교육열[名词]对教育的热情，对教育的重视
대뜸[副词]立刻，马上
꺼내다[他动词]掏出，吐露，袒露（心声）
브랜드[名词]品牌，商标
취임하다[自动词]就任，就职，上任
변신하다[自动词]改头换面
유통[名词]流通
강점[名词]长处，优点
승산[名词]胜算，把握
활발히[副词]活跃，兴旺
곁[名词]旁边，身边
지향하다[他动词]向往，朝向，朝着
내걸다[他动词]打出，挂出，提出，树立
자부심[名词]自信心，自豪感
느끼다[他动词]感觉，感受，感到，体会到，觉察到
흔하다[形容词]多得很，很平常，常见，常有
매출액[名词]销售额
껑충[副词] 噌地，噌噌地，嗖嗖地
가량[依存名词]大约，上下，左右
기본기[名词]基本功，基础技术
마케팅[名词]市场营销
시리즈[名词]系列，丛书，丛刊，文库
선보이다[使动词]展示，公开，亮相（"선보다"的使动形式）
스터디하다[动词]学习

○○○● • 5 단원 생활

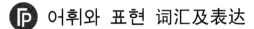 어휘와 표현 词汇及表达

퍼시스그룹 福喜世集团（FURSYS），韩国专业家具公司，创立于1983年，是家具业中唯一入选2009年《福布斯》杂志亚洲200大有希望企业的上市公司，旗下三大品牌：FURSYS、ILOOM、SIDIZ

일룸 怡伦家具公司（ILOOM），隶属福喜世集团

강성문[人名]姜成文，怡伦家具公司总经理

알리바바 阿里巴巴

디자인 스튜디오 设计工作室

해외 진출 현황 国际市场开拓现状

가구업계 家具行业

매장을 열다 开设柜台，开店

유교문화권 儒教文化圈

팅클팝 피넛책상 升降花生型书桌

오프라인 매장 实体店

인정받다 得到认可

중고 시장 二手市场

리클라이너 소파 躺椅沙发

주문자상표부착생산 代工（生产），原始设备制造商（original equipment manufacturer，OEM）

디자인 경영 设计经营

라이프 스타일 生活方式

공을 들이다 下功夫

모션베드 运动床

여가생활 业余生活，休闲生活

문법 해석 및 문장 표현 语法解释及句型使用

1. -았던, -었던, -였던

句型，由语尾"-았/었/였-"、语尾"던"组合而成。"-았던"接在末音节元音为"ㅏ, ㅓ"的动词或形容词干后面，"-었던"接在末音节元音为不是"ㅏ, ㅓ"的动词或形容词词干后面，"-였던"接在动词"하다"之后，主要以缩略型"했던"的形式出现，修饰名词。

1）表示过去的事件、行为、状态尚未结束就被中断了。

例① 올해 내내 상승세를 보였던 국제유가가 최근 들어 하락세로 방향을 틀었다. （제1과）

今年持续上涨的油价近来扭转方向开始下跌。

例② 지난 9월부터 11월까지 유지됐던 2%대 물가상승률이 다시 1%대로 후

퇴한 것이다. (제 1 과)

从 9 月到 11 月一直保持在 2%水平的居民消费价格指数重新降到 1%的水平。

☞ 2%的居民消费价格指数已中断并发生改变。

例③ 융저우 노선은 철도 교통의 혜택을 받지 못<u>했던</u> 저우산의 지난 역사를 마감하다. (제 5 과)

甬舟高铁的开通将告别舟山无高铁的历史。

☞ 讲述过去没有高铁的现状结束并发生改变。

2) 表示过去的事件、行为、状态。

例④ 그룹간 격차가 가장 <u>컸던</u> 항목은 휴가의 자율사용 여부로 휴가를 자유롭게 쓸 수 있다고 응답한 그룹에서는 '효율적인 근무시간 활용'이 57.8%로 그렇지 않은 그룹의 14.6%보다 4 배나 높았다. (제 3 과)

调查显示，小组差距最大的选项来自休假时间是否可以自由支配，认为可以自由支配休假时间的一组有 57.8%的人表示能有效使用上班时间，认为不可以自由支配休假时间的一组有 14.6%的人认为能有效使用上班时间，两者相差 4 倍多。

☞ 讲述过去小组差距较大的选项。

例⑤ 역대 전 지구 기온이 가장 <u>높았던</u> 시기는 2016 년이었고 2015 년, 2017 년, 2018 년 순이었다. (제 9 과)

过去的四年最热，分别是 2016 年、2015 年、2017 年和 2018 年。

☞ 讲述过去气温曾经较高的时期。

例⑥ 2009 년 512 억 원이<u>었던</u> 매출액은 지난해 1923 억 원으로 껑충 뛰었다. (제 10 과)

2009 年仅 512 亿韩元的销售额，去年已达到 1923 亿韩元。

☞ 讲述 2009 年创下的销售额。

例⑦ 연말을 맞아 평소 갖고 싶<u>었던</u> 지갑을 샀다. (제 16 과)

年底了，买了一个一直想要的钱包。

☞ 讲述过去一直在想的一件事。

例⑧ 현장에 참석하지 못<u>했던</u> 이선희는 아쉬움과 수상에 대한 기쁨을 영상을 통해 대신 전했다. (제 19 과)

未能出席颁奖典礼的李仙姬通过视频向现场观众表达了歉意和关于获奖后的愉悦心情。

☞ 表述未能出席。

例⑨ 맞은편의 고풍스러운 건축물과는 너무나 이질적으로 대비되는 유리건물의 질감에 한참이나 그 앞에서 넋을 놓고 바라<u>봤던</u> 것이 생각나네요. (제 20 과)

与对面古色古香的建筑风格完全不同，面对这个充满玻璃质感的建筑物，我记得自己出神地看了半天。

☞ 讲述自己那个时候出神地看了半天。

例⑩ 그러나 더욱 놀라<u>웠던</u> 건, 서양예술의 심장부인 이 루브르 박물관의

● ● ● ● ● **5 단원 생활**

건축디자이너가 바로 중국 출신 이오 밍 페이(贝聿铭)라는 것이었습니다. （제 20 과）

然而，更让人惊讶的是设计这个西方艺术殿堂——卢浮宫博物馆玻璃金字塔的建筑大师来自中国，名叫贝聿铭。

☞ 讲述当时吃惊的情景。"놀라웠던 건"是"놀라웠던 것은"的缩略形式。

2. -던

语尾，接在动词词干后面，用于修饰名词，表示回想过去的事件、行为或状态，或者表示过去的事件、行为或状态并没有结束就被中断的未完成状态。

例① 손을 모은 것처럼 있<u>던</u> 턱이 교차하면서 X 자 형태가 되는 식으로 움직인다. （제 11 과）

它们合手般的腭骨以 X 形状交叉活动。

☞ 表示像合手状态的腭骨发生变化。

例② 미국 일리노이대학의 앤드류 수아레즈 교수 연구팀은 이렇게 빠른 턱을 지닌 개미를 연구하<u>던</u> 중 드라큘라 개미의 일종인 미스트리움카밀래(Mystrium camillae)의 턱이(사진) 지구상 어떤 생물체보다도 빠르게 움직인다는 사실을 발견했다. （제 11 과）

美国伊利诺伊州大学的安德鲁·苏亚雷斯教授研究团队表示，他们在研究咬合速度极快的蚂蚁的过程中，发现一种名叫"卡米拉迷猛蚁"的咬合速度比地球上的任何一种生物都要快，这种蚂蚁是吸血鬼蚂蚁的一个种类。

☞ 表示研究进行过程中发现了……

例③ 못보<u>던</u> 새 과일 '불티'. （제 15 과）

新品种水果已成"热卖"。

☞ 表示过去一直没看到过，现在看到了。"못보던 새 과일"字面意思是"没看到过的新水果"，这里翻译成"新品种水果"。

例④ 명품관을 구경하<u>던</u> 이들의 손에는 발렌시아가, 루이비통 등 명품 브랜드 로고가 찍힌 쇼핑백이 하나씩 들려 있었다. （제 16 과）

逛名品店的年轻人个个手里都提着巴黎世家、LV 等奢侈品牌购物袋。

☞ 表示逛商店的过程中买了东西。

例⑤ 어쩌면 이오 밍 페이가 건축을 공부하<u>던</u> 시절, 미국 건축계의 전반적인 분위기를 미스 반데로어가 장악했기에 당연한 일일지도 모르겠습니다. （제 20 과）

也许在贝聿铭学习建筑的时期，密斯·凡·德·罗掌握着美国建筑界的主流，所以他早期作品中有密斯的影子也就不足为奇。

☞ 回想过去学习的过程。

3. -는지, -(으)ㄴ지, -(으)ㄹ지

连接语尾。"-는지"接在动词词干或"있다""없다"的词干、语尾"-았/었/였-"

· 71 ·

"-겠-"后面,"-은지"接在有收音(除收音"ㄹ")的形容词词干后面,"-ㄴ지"接在没有收音的形容词词干、以收音"ㄹ"结尾的形容词词干或"이다""아니다"的词干后面,"-을지"接在有收音(除收音"ㄹ")的动词或形容词词干、语尾"-았/었/였-"后面,"-ㄹ지"接在没有收音的动词或形容词词干或以收音"ㄹ"结尾的动词或形容词之后、"이다""아니다"的词干后面,表示对推测内容的确定性提出疑问。

例① 근무시간이 얼마나 효율적으로 사용되<u>는지</u>를 묻는 질문에 근무 유연성 응답 결과에 따라 작게는 2배에서 크게는 4배까지 큰 차이를 보인 것.(제3과)

对"上班时间是否能有效利用"这一问题,根据工作灵活程度的不同显示出较大的差距,少则2倍,多则4倍。

例② 강 대표는 "중국은 쉽지 않은 시장"이라면서 "소비자 반응을 검토해 오프라인 매장으로 갈<u>지</u> 온라인 매장으로 갈<u>지</u> 결정할 것"이라고 말했다.(제10과)

姜总经理表示:"中国是一个未知的市场,是开实体店还是开网络店需要对消费群体意向进行综合评估才能决定。"

例③ 이것이 방어용인<u>지</u> 공격용인<u>지</u>는 분명하지 않지만, 양쪽 모두에 유용하게 쓰일 수 있을 것이다.(제11과)

虽然还不清楚这究竟是一种防御性的运动方式还是一种攻击性的运动方式,但两者都可派上用场。

例④ 부산시교육청이 운영하는 위탁 교육기관이 학업중단 위기에 있는 학생 지원을 위한 장치로 제대로 작동하<u>는지</u> 점검할 필요가 있다.(제14과)

有必要检查釜山教育局辖区内委托教育机构的本职工作是否到位,即是否为面临学业中断危机的学生提供了必要的帮助。

例⑤ 어쩌면 이오 밍 페이가 건축을 공부하던 시절, 미국 건축계의 전반적인 분위기를 미스 반데로어가 장악했기에 당연한 일일<u>지</u>도 모르겠습니다.(제20과)

也许是贝聿铭学习建筑期间,密斯·凡·德·罗掌握美国建筑界的主流,所以早期作品中有密斯的影子也就不足为奇。

4. 부터

助词。

1)接在名词后面,表示时间、空间、事情的起始点,通常和助词"까지"连用构成"……부터……까지"的句型出现,相当于汉语的"从……到……"。

例① 지난 9월<u>부터</u> 11월<u>까지</u> 유지됐던 2%대 물가상승률이 다시 1%대로 후퇴한 것이다.(제1과)

从9月到11月一直保持在2%水平的居民消费价格指数重新降到1%的水平。

例② 12월 1일 밤 12시<u>부터</u> 5G 서비스를 위한 전파를 발사한다고 30일 공식적으로 선언했다.(제2과)

(韩国科学技术信息通讯部)11月30日正式宣布12月1日晚12点起正式传输5G

信号。

　　例③　경희대학교 식품영양학과 제유진 교수팀은 2012년<u>부터</u> 3년간 보건복지부 한국 건강 영양조사에 쌓인 19~64세 우리나라 성인 8387명의 임상데이터를 분석해 이같이 결과를 확인했다고 8일 밝혔다. (제 7 과)

　　庆熙大学食品营养学系的齐优贞（音译）教授团队从 2012 年开始研究，在对近三年来在保健福利部'韩国健康营养调查'中登记的年龄在 19-64 岁之间的 8387 名公民的临场数据进行分析后，公布了上述研究结果。

　　例④　전 지구 평균기온이 높았던 순위 1~20위는 1997년<u>부터</u> 올해<u>까지</u>의 22년간 나타났다. (제 9 과)

　　从 1997 年开始到今年的 22 年间，有 20 年列入全球平均气温最高年份。

　　例⑤　지난 4년간 지구의 평균기온이 역대 1위<u>부터</u> 4위<u>까지</u> 기록하며 가장 높았던 것으로 나타났다. (제 9 과)

　　(报告指出) 过去四年地球平均气温是史上最高的四年。
　☞ 最热天气年度排名中的第一名到第四名均来自过去四年。

　　例⑥　2013년 종합가구브랜드로 변신했다. 디자인<u>부터</u> 생산, 유통<u>까지</u> 직접 하고 있다. (제 10 과)

　　2013 年已成为一家集设计、生产、流通于一体的综合家具品牌公司。

　　例⑦　특히 취업 후 상환 대출과 달리 일반상환 대출은 대출한 다음 달<u>부터</u> 이자를 내도록 해 재학 중 부담이 크고, 장기연체 시 신용유의자로 등록하는 등 불이익을 초래하는 것으로 파악했다. (제 13 과)

　　尤其与就业后偿还式助学贷款不同的是，一般偿还式助学贷款要求贷方贷款后的第二个月就开始偿还利息，从而导致学生求学过程中经济负担过重，还有因长期拖欠还款留下不良信用记录等不利因素。

　　例⑧　한편 '2018 이선희 콘서트 클라이맥스(Climax)'는 오는 15, 16일 청주, 29일 광주에 이어 2019년 1월<u>부터</u> 4월<u>까지</u> 울산, 부산, 천안, 진주, 원주 등 전국 각지에서 펼쳐진다. (제 19 과)

　　另外"2018 李仙姬登峰演唱会"12 月 15 日、16 日在清州演出；29 日在光州演出结束后，2019 年 1 月到 4 月期间还将在蔚山、釜山、天安、晋州、原州等城市进行巡回演出。

　　2) 接在名词后面，表示不仅包括前句内容，而且还有其他的状况。

　　例⑨　작물을 재배하는 개미<u>부터</u> 다른 개미를 노예처럼 부리는 개미, 진딧물과 공생하거나 혹은 식물과 공생하는 개미<u>까지</u> 온갖 방법으로 번영을 누리는 곤충이 개미다. (제 11 과)

　　它们中不仅有栽培农作物的蚂蚁，有将其他蚂蚁像奴隶一样使唤的蚂蚁，还有与蚜虫共存或与植物共存的蚂蚁。它们是一种会通过各种办法来繁殖的昆虫。

5. 까지

　　助词。

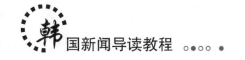

1）接在名词后，表示时间、空间、事情的终点。

例① 내년 3 월 5G 스마트폰이 출시되기전까지는 동글 단말을 통한 기업간 (B2B) 서비스가 주류를 이룰 전망이다. (제 2 과)

到明年3月5G手机信号服务上市之前，预计市面上主要通过无线网卡终端为企业（B2B）提供服务。

例② 근무시간이 얼마나 효율적으로 사용되는지를 묻는 질문에 근무 유연성 응답 결과에 따라 작게는 2 배에서 크게는 4 배까지 큰 차이를 보인 것. (제 3 과)

对"上班时间是否能有效利用"这一问题，根据工作灵活程度的不同显示出较大的差距，少则2倍，多则4倍。

例③ 철도가 완공되면, 닝보에서 저우산까지 이동할 때 지금처럼 해상대교를 건너는 방식에 고속철을 이용하는 선택지가 추가될 망이다. (제 5 과)

铁路完工后，宁波至舟山的交通方式除了像现在一样利用跨海大桥以外，还可以选择高铁。

例④ 지금까지 '해상대교'를 통해서만 닿을 수 있는 지역이었다면, 이제 고속철이라는 교통수단이 하나 더 추가되기 때문. 이 또한 융저우 철도 건설에 주목하는 이유다. (제 5 과)

如果说舟山以前只有利用跨海大桥才能通往宁波，那么现在舟山又多了"高铁"这种交通手段，所以甬舟铁路的建设备受外界关注。

例⑤ 실제로 고강도의 운동을 한 사람들은 잠자리에 누운 1 시간 정도 뒤까지도 안정되지 못하고 평소 심장 박동 수보다 분당 20 회 정도가 빠른 것으로 나타났다. (제 8 과)

调查发现，进行过高强度运动的人，卧床约1小时后，也不能完全平静下来，每分钟心跳次数要比平时快20下。

☞ 表示时间范围的终点。

例⑥ 특히 그 중에서도 4 위까지가 지난 4 년간이었다고 WMO 는 전했다.(제 9 과)

世界气象组织特别指出，过去的四年包揽了最热天气的前四名。

☞ 表示范围的终点。

例⑦ 이 보고서에 따르면 올해 10 월까지의 전 지구 평균기온은 산업화 이전인 1850~1900 년에 비해 약 1 도(0.98±0.12℃) 높아 역대 4 위를 기록했다. (제 9 과)

根据该报告书的内容，截至今年10月，全球平均气温已创下历史第四的高温纪录，比产业革命（1850—1900年）以前大约高出1度（0.98±0.12 ℃）。

例⑧ 위탁 교육을 졸업 때까지 이수한 경우에는 소속 학교의 졸업장을 주는 학교다. 지난 9 월 말 기준 이들 학교에는 230 명이 위탁 교육에 참여하고 있다. (제 14 과)

截至去年9月末，共有230名学生在这些学校参加了委培教育。

例⑨ 올해 11 월까지 신세계•롯데•현대백화점의 20 대 명품 매출 신장률은 27~79%에 달했다. (제 16 과)

截至今年11月，新世界百货店、乐天百货店、现代百货店20岁年龄段年轻人的奢侈品购买增长率达到27%—29%。

例⑩　10일 신세계백화점에 따르면 올 들어 11월까지 명품 매출은 지난해 같은 기간보다 19.2% 늘었다. (제16과)

以新世界百货店10日给出的数据为依据，截至今年11月，新世界百货店奢侈品销售额同比增长19.2%。

例⑪　뒤이어 등장한 태극기는 한국이 배출한 강광배(썰매), 진선유(쇼트트랙), 박세리(골프), 이승엽(야구), 황영조(마라톤), 서향순(양궁), 임오경(핸드볼), 하형주(유도)까지 8명의 손에 들려 게양됐다. (제17과)

接下来进行有韩国八位著名运动员参加的东道主升旗仪式，分别是雪橇运动员姜光培、短道速滑运动员陈善有、高尔夫运动员朴世利、棒球运动员李承叶、马拉松运动员黄永炸、射箭运动员徐香顺、手球运动员林五卿、柔道运动员河亨柱。

☞ 表示参加人数范围的终点。

例⑫　이선희 소속사 측은 "이번에도 역시 이런 팬들의 성원에 보답하기 위해 투어 일정을 2019년까지 이어가기로 결정했다"고 전했다. (제19과)

李仙姬所属经纪公司表示："为了回馈粉丝们的厚爱，本次演唱会日程决定安排到2019年。"

例⑬　말년에 이오 밍 페이는 우리가 잘 알고 있는 루브르 유리 피라미드, 그리고 쑤저우 박물관, 이슬람 예술박물관 등을 건축하며 중국을 넘어 세계문화에까지 관심을 뻗어나가게 됩니다. (제20과)

晚年的贝聿铭设计了我们熟知的卢浮宫玻璃金字塔、苏州博物馆、伊斯兰艺术博物馆等，他对建筑的热爱从中国文化延伸到了世界文化。

☞ 表示范围的终点。

2）接在名词后，表示达到某种极限。

例⑭　감사원이 2016년 2학기 이후 대출자를 확인한 결과 3분위 이하 대학생 4만4천여 명은 취업 후 상환 대출을 받으면 무이자 혜택까지 받을 수 있었음에도 이를 모르고 일반상환 대출 410억원을 받아 3학기 동안 약 9억 8천만원의 이자를 부담한 것으로 집계됐다. (제13과)

审计局对2016年第二学期以后申请助学金贷款的学生进行核实后发现，有44000余名收入等级3级以下的大学生对自己可以获得就业后偿还式助学贷款及无利息优惠政策一无所知。结果显示，他们申请的一般偿还式助学贷款共计410亿韩元，三个学期累计利息达9亿8千万韩元。

☞ 表示范围的限度。

3）接在名词后，表示加之其他的状况。

例⑮　한국에선 시험 성적뿐 아니라 나이나 고교 성적까지 따진다. (제4과)

在韩国不仅要看考试成绩，还要看你的年龄或高中成绩。

☞ 表示在考试成绩的基础上还加上年龄或高中成绩。

例⑯　더욱이 '2014 티켓파크-골든 티켓 어워즈'에 이어 '2018 멜론어워즈-스

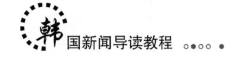

테이지 오브 더 이어'까지 수상, 공연부문 2 관왕을 거머쥐며 유일무이한 위엄을 입증하고 있다. (제 19 과)

特别是（李仙姬）2014 年在 TICKET PARK 网站上获得"金色门票大奖"后, 2018 甜瓜音乐奖上又斩获"年度舞台奖", 成为演唱会历史上唯一一位双冠王获得者, 再次证明了李仙姬殿堂级实力歌手的地位。

☞ 表示 2014 年获奖加上 2018 年获奖。

6. 기준

名词, 标准。

例① 무선설비 기술기준 마련 (8 월). (제 2 과)
8 月制定无线装备技术标准。

例② 일룸은 지난해 매출액 기준 가구업계에서 7 위다. (제 10 과)
以销售额为衡量标准, 怡伦去年的销售量在家具行业中排名第七。

例③ 이후 75dB 미만의 소음이 태아에 미치는 영향을 기준으로 '비교 위험도(RR)'을 계산했다. (제 12 과)
然后把 75 分贝以下噪音对婴儿造成的影响作为标准, 以此算出其他噪音的"相对危险度"。

例④ 가령 지난해 5 인 이상 가구의 학생 2 만 9 천여 명이 4 인 가구 기준을 적용받는 바람에 장학금을 받지 못했다. (제 13 과)
比方说, 去年五口之家的学生近 29000 余人因为按四口之家的标准来核算, 所以没有申请到奖学金。

例⑤ 지난 9 월 말 기준 이들 학교에는 230 명이 위탁 교육에 참여하고 있다. (제 14 과)
截至去年 9 月末, 共有 230 名学生在这些学校参加了委培教育。

ⓟ 연습 문제 练习题

1. 다음 내용 중 본문 내용과 같은 것을 고르십시오. (　　)
请选出下面内容与本文内容相同的选项。
1) 일룸은 교육용 가구만 생산하는 회사다.
2) 일룸은 중국 시장을 진출하기 위하여 오프라인 매장을 열었다.
3) 일룸은 목표는 "품질 1 위"에 있다.
4) 일룸은 모든 제품을 자체 생산 하고 있다.

2. 본문 내용을 읽고 다음 질문에 답해 보십시오.
阅读本课内容后请回答以下问题。
1) 일룸 회사에 대하여 소개해 보십시오.

2) 일룸 회사 연말 계획에 대해 이야기해 보십시오.

번역문 译文

第10课 "我们的目标不是争市场第一，而是让顾客用得更长久"

上个月30日，位于首尔松坡区怡伦公司总部旁边的怡伦设计工作室里，记者见到了怡伦家具公司姜成文（47岁）总经理。姜总经理向记者解释说："我们公司在进军海外市场时最先考虑的是这个国家对'教育的关注度'。"

怡伦家具公司是2007年由福喜世集团创立的家具品牌，从主打学生用家具开始慢慢发展，2013年已成为一家集设计、生产、流通于一体的综合家具品牌公司。以销售额为衡量标准，怡伦去年的销售量在家具行业中排名第七。姜成文于2015年就任该公司的总经理。今年怡伦在新加坡、越南等国开设了实体店，这几个国家都有一个共同点，就是"同属儒家文化圈"。姜经理表示："怡伦主打产品是桌椅等学生用家具，儒家文化圈的国家通常对教育关注度比较大，因此市场前景比较乐观。"在这些国家目前卖得最好的产品也是学生用家具，比如说"升降花生型书桌"。

姜总经理对中国市场也颇感兴趣，怡伦公司去年对中国消费市场进行了调查，并在淘宝等网店开始向中国消费者销售怡伦家具。姜总经理表示："中国是一个未知的市场，是开实体店还是开网络店需要对消费群体意向进行综合评估才能决定。"

怡伦公司目前海外市场做得朝气蓬勃，不过姜总经理表示，他希望怡伦的目标不是"力争家具行业第一销售大王"，而是"质量求第一，让顾客用得更长久，希望得到顾客的认可"。姜总经理说："在家具二手市场看到了怡伦家具，增加了我对怡伦产品质量的信心。"因为很少有品牌家具在二手市场进行销售。

姜总经理虽然没有强调怡伦的销售额，不过怡伦在销量方面呈现出快速上升趋势。2009年仅512亿韩元的销售额，去年已达到1923亿韩元，在家具行业位居第七，今年销售额预估在2300亿韩元左右。销售快速增长的原因，姜总经理解释说："这是强化市场营销的结果，而这是一个制造企业的基本策略。"

在家具行业中，代工生产情况比较普遍，而怡伦生产的3400多个产品中，除了躺椅沙发以外，其他产品都由自己的工厂直接生产。怡伦还注重直接参与产品的设计经营，据了解，怡伦还在美国和日本获得过设计奖。

目前，人们的生活方式以及生活空间在不断变化，针对这个变化，公司员工认真学习和研究，年末，将有一批适合在单身公寓摆放的简易家具系列亮相。姜总经理表示："这个系列的产品如活动床，通过按钮、遥控器控制，可以自由收放。即使在很小的空间里，也能营造出生活区和休息区，适合日益增长的单身公寓生活方式。"

2018年11月7日《东亚日报》

6단원 과학

六单元 科学

제11과 시속 320km…세계서 가장 빠른 턱을 지닌 개미

본문 原文

개미 중에는 매우 독특한 생활 방식을 지닌 것들이 많다. 작물을 재배하는 개미부터 다른 개미를 노예처럼 부리는 개미, 진딧물과 공생하거나 혹은 식물과 공생하는 개미까지 온갖 방법으로 번영을 누리는 곤충이 개미다. 이 가운데 집게턱 개미(Tran-jaw ant)는 집게처럼 생긴 턱을 스프링처럼 장전해 엄청난 속도로 닫는 방식으로 유명하다. 빠른 속도로 닫히는 큰 턱에 잡히면 웬만한 곤충도 살아남기 어렵다. 그런데 이보다 더 빠르게 턱을 움직이는 개미가 발견됐다.

미국 일리노이대학의 앤드류 수아레즈 교수 연구팀은 이렇게 빠른 턱을 지닌 개미를 연구하던 중 드라큘라 개미의 일종인 미스트리움 카밀래(Mystrium camillae)의 턱이(사진) 지구상 어떤 생물체보다도 빠르게 움직인다는 사실을 발견했다. 이 개미의 턱은 0.000015 초 만에 움직이기 때문에 연구팀은 초고속 카메라로 1만 6000배 느린 영상을 찍어 그 움직임을 파악했다. 그 속도는 KTX 만큼 빠른 시속 320km 에 달 한다.

미스트리움에서 가장 독특한 부분은 집게 턱 개미처럼 좌우로 벌어졌다가 빠르게 닫히는 형태가 아니라 손을 모은 것처럼 있던 턱이 교차하면서 X 자 형태가 되는 식으로 움직인다는 것이다. 따라서 이 개미는 집게 턱 개미와는 달리 상대방을 치명적인 턱으로 물 수 없다. 대신 엄청난 탄성 에너지를 이용해서 상대방을 튕겨내거나 혹은 자신이 튕겨 나간다.

이것이 방어용인지 공격용인지는 분명하지 않지만, 양쪽 모두에 유용하게 쓰일 수 있을 것이다. 연구팀에 따르면 이는 동물의 부속지 가운데 가장 빠른 속도로(fastest known moving animal appendages) 미스트리움이야말로 세상에서 가장 빠른 동물이라고 할 수 있다.

이런 빠른 움직임은 근육의 힘만으로 불가능하다. 집게 턱 개미와 마찬가지로 미스트리움 역시 스프링 같은 근육과 인대로 장전된 턱을 순간적으로 발사하는 방식으로 초당 90m 의 속도로 턱을 움직인다.

절지동물 가운데는 의외로 이런 형태의 턱이나 부속지를 가진 생물들이 많은데, 최근 초고속 카메라의 발달과 곤충의 미세 구조를 3차원적으로 파악할 수 있는 고해상도 X선 이미지 기술이 발달하면서 이들의 비밀이 밝혀지고 있다. 사실 아직 우리가 모를 뿐 이보다 더 동작이 빠른 동물 역시 존재할 가능성이 크다. 앞으로도 이들에 대한 연구가 계속될 것이다.

2018 년 12 월 15 일 〈서울신문〉

단어 单词

턱[名词]腭，下巴
지니다[他动词]携带，拥有，具有
작물[名词]农作物
재배하다[他动词]栽培
노예[名词]奴隶
부리다[他动词]使唤，操纵
진딧물[名词]蚜虫
공생하다[自动词]共生
번영[名词]繁荣
스프링[名词]弹簧

장전하다[他动词]装备，装弹
엄청나다[形容词]过分，过度，过于
닫다[自动词]奔跑，飞驰
닫히다[被动词]关上，合上，关闭，扣上（"닫다"的被动形式）
잡다[他动词]抓，逮住，捕捉，接
잡히다[被动词]被抓住，被握住（"잡다"的被动形式）
웬만하다[形容词]尚可，还可以，说得过去，差不多
움직이다[自动词][他动词]动，搬动，移动
움직임[名词]活动，动作
벌어지다[自动词]张开，展开，摆开，进行
파악하다[他动词]把握，掌握
달리[副词]不同，不一样，有别
치명적[名词][冠形词]致命的
물다[他动词]咬，叮，含
탄성[名词]弹性
튕기다[他动词]弹回，溅起，迸出
부속지[名词]附属品，零件
인대[名词]韧带
절지동물[名词]节肢动物
고해상도[名词]高分辨率，高清晰度
의외로[副词]意外地，出人意料地

어휘와 표현 词汇及表达

집게 턱 개미 大齿猛蚁，锯针蚁（Tran-jaw ant）
드라큘라 개미 吸血鬼蚂蚁（Dracula ant）
미스트리움 카밀래 卡米拉迷猛蚁（Mystrium camillae）
번영을 누리다 享受繁荣
일리노이대학 伊利诺伊州大学（Illinois State University，ISU）
앤드류 수아레즈[人名]安德鲁·苏亚雷斯（Andrew Suarez），伊利诺伊州大学生物学及昆虫学教授
KTX 韩国高铁（Korea Train Express），首尔—釜山段全长410公里，1992年6月30日动工兴建，2004年4月1日投入运行，最高时速可达300多公里
미세 구조 精细结构，细微结构
3차원 三维

문법 해석 및 문장 표현 语法解释及句型使用

1. -았다가, -었다가, -였다가

连接语尾。"-았다가"接在末音节元音"ㅏ、ㅓ"的动词或形容词词干后面,"-었다가" 接在末音节元音不是"ㅏ、ㅓ"的动词或形容词词干、"이다""아니다"的词干后面,"-였다가"接在动词或形容词"하다"之后,主要以缩略形式"했다가"出现,表示其前面的动作、状态已结束而转入另一动作、状态。

例 미스트리움에서 가장 독특한 부분은 집게 턱 개미처럼 좌우로 벌어<u>졌다가</u> 빠르게 닫히는 형태가 아니다. （제 11 과）

卡米拉迷猛蚁活动的方式与大齿猛蚁钳子左右张开再迅速闭合的活动方式不一样。

☞ 表示钳子张开动作结束后再转入闭合的状态。

2. 이야말로

助词,接在名词后面,表示有所区别,也表示陈述的对象,有"这就是""这真是""这才是"的意思。

例 연구팀에 따르면 이는 동물의 부속지 가운데 가장 빠른 속도로(fastest known moving animal appendages) 미스트리움<u>이야말로</u> 세상에서 가장 빠른 동물이라고 할 수 있다. （제 11 과）

根据研究团队的分析,用附肢捕食或对抗敌人的生物中,卡米拉迷猛蚁才是地球上咬合速度最快的生物。

3. 처럼

助词,主要接在体词后,表示比喻和比较的对象,相当于汉语的"像……""像……一样"。

例① 철도가 완공되면, 닝보에서 저우산까지 이동할 때 지금<u>처럼</u> 해상대교를 건너는 방식에 고속철을 이용하는 선택지가 추가될 전망이다. （제 5 과）

铁路完工后,宁波至舟山的交通方式除了像现在一样利用跨海大桥以外还可以选择高铁。

例② 다른 개미를 노예<u>처럼</u> 부리는 개미다. （제 11 과）

将其他蚂蚁像奴隶一样使唤的蚂蚁。

例③ 이 가운데 집게 턱 개미(Tran-jaw ant)는 집게<u>처럼</u> 생긴 턱을 스프링처럼 장전해 엄청난 속도로 닫는 방식으로 유명하다. （제 11 과）

其中,大齿猛蚁的腭骨像个装了弹簧的钳子,咬合速度快到惊人。

例④ 미스트리움에서 가장 독특한 부분은 집게 턱 개미<u>처럼</u> 좌우로 벌어졌다가 빠르게 닫히는 형태가 아니라 손을 모은 것처럼 있던 턱이 교차하면서 X 자 형태가 되는 식으로 움직인다는 것이다. （제 11 과）

卡米拉迷猛蚁活动的方式与大齿猛蚁钳子左右张开再迅速闭合的活动方式不一样,

它们合手般的腭骨以 X 形状交叉活动。

4. 만에

句型，由表示时段终点的依存名词"만"、助词"에"组合而成，用在时间体词后，表示时间的间隔。

例① 12월 소비자물가가 전년대비 1.3% 상승하며 상승률이 석 달 만에 1%대로 내려왔다. （제 1 과）
12 月份居民消费价格指数同比增长 1.3%，增长率为三个月来最低，跌到 1%的水平。
☞ 表示三个月过后。

例② 이 개미의 턱은 0.000015 초 만에 움직이기 때문에 연구팀은 초고속 카메라로 1만 6000배 느린 영상을 찍어 그 움직임을 파악했다. （제 11 과）
这种蚂蚁的腭骨由静止到张开，只需 0.000015 秒，所以研究团队通过高速摄像机用 16000 倍的慢速捕捉到了它的动作。
☞ 表示腭骨张开速度只需 0.000015 秒。

5. 와/과 달리

句型，由助词"와/과"与副词"달리"组合而成。"과 달리"接在有收音的名词后面，"와 달리"接在没有收音的名词后面，表示"与……不同"的意思，通常以"와는/과는 달리"形式出现，表示强调。也可以"와/과 다르게, 와는/과는 다르게"的句型出现。

例① 따라서 이 개미는 집게 턱 개미와는 달리 상대방을 치명적인 턱으로 물 수 없다. （제 11 과）
所以这种蚂蚁与大齿猛蚁不同的是无法用它的超级腭骨咬住对方。

例② 특히 취업 후 상환 대출과 달리 일반상환 대출은 대출한 다음 달부터 이자를 내도록 해 재학 중 부담이 크고, 장기연체 시 신용유의자로 등록하는 등 불이익을 초래하는 것으로 파악했다. （제 13 과）
尤其与就业后偿还式助学贷款不同的是，一般偿还式助学贷款要求贷方贷款后的第二个月就开始偿还利息，从而导致学生求学过程中经济负担过重，还有因长期拖欠还款留下不良信用记录等不利因素。

例③ （일반）청포도와는 다르게 맛이 훨씬 좋고 껍질이 얇고 당도가 높다. （제 15 과）
和（一般）青葡萄不同的是它的口感更好，皮薄糖分高。

6. 발견하다

他动词，发现。

例 미국 일리노이대학의 앤드류 수아레즈 교수 연구팀은 이렇게 빠른 턱을 지닌 개미를 연구하던 중 드라큘라 개미의 일종인 미스트리움 카밀래(Mystrium camillae)의 턱이(사진) 지구상 어떤 생물체보다도 빠르게 움직인다는 사실을 발견했다. （제 11 과）

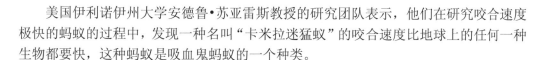

美国伊利诺伊州大学安德鲁·苏亚雷斯教授的研究团队表示，他们在研究咬合速度极快的蚂蚁的过程中，发现一种名叫"卡米拉迷猛蚁"的咬合速度比地球上的任何一种生物都要快，这种蚂蚁是吸血鬼蚂蚁的一个种类。

7. 파악하다

他动词，掌握。

예① 이 개미의 턱은 0.000015초 만에 움직이기 때문에 연구팀은 초고속 카메라로 1만 6000배 느린 영상을 찍어 그 움직임을 <u>파악했다</u>. (제 11 과)

它的腭骨由静止到张开，只需0.000015秒，所以研究团队通过高速摄像机，用16000倍的慢速捕捉到了它的动作。

예② 장기연체 시 신용유의자로 등록하는 등 불이익을 초래하는 것으로 <u>파악했다</u>. (제 13 과)

据掌握的消息得知，还有因长期拖欠还款留下信用不良记录等不利因素。

연습 문제 练习题

1. 다음 내용 중 본문 내용과 같은 것을 고르십시오. (   )
请选出下面内容中与本文内容相同的选项。
1) 집게 턱 개미가 턱을 움직이는 속도가 시속 320km 이다.
2) 연구팀은 0.000015초의 속도로 집게 턱 개미의 움직임을 파악했다.
3) 미스트리움 카밀래는 근육의 힘으로 턱을 빠르게 움직인다.
4) 미스트리움 카밀래는 절지동물이다.

2. 본문 내용을 읽고 다음 질문에 답해 보십시오.
阅读本课内容后请回答以下问题。
1) 미스트리움 카밀레는 어떤 방식으로 턱을 빠르게 움직입니까?

2) 왜 미스트리움 카밀레는 세상에서 가장 빠른 동물이라고 할 수 있습니까?

번역문 译文

第11课　世界上咬合速度最快的蚂蚁时速达320公里

蚂蚁是一种生活方式和繁殖方式非常独特的昆虫，它们中不仅有栽培农作物的蚂蚁，有将其他蚂蚁像奴隶一样使唤的蚂蚁，还有与蚜虫共存或与植物共存的蚂蚁。它们是一种会通过各种办法来繁殖的昆虫。其中，大齿猛蚁的腭骨像个装了弹簧的钳子，咬合速度快到惊人，足以让敌人防不胜防，但最新研究发现了比大齿猛蚁咬合速度还要快的蚂蚁。

美国伊利诺伊州大学安德鲁·苏亚雷斯教授的研究团队表示，他们在研究咬合速度极快的蚂蚁的过程中，发现一种名叫"卡米拉迷猛蚁"的咬合速度比地球上的任何一种生物都要快。这种蚂蚁是吸血鬼蚂蚁的一个种类，它的腭骨由静止到张开，只需0.000015秒，所以研究团队通过高速摄像机，用16000倍的慢速捕捉到了它的动作，其咬合速度相当于KTX高铁，达到每小时320公里。

卡米拉迷猛蚁活动的方式与大齿猛蚁钳子左右张开再迅速闭合的活动方式不一样，它们合手般的腭骨以X形状交叉活动，所以这种蚂蚁与大齿猛蚁不同的是无法用它的超级腭骨咬住对方，而是通过特别强大的弹力给敌人致命的打击或者弹跳逃离。

虽然还不清楚这是一种防御性的运动方式还是一种攻击性的运动方式，但两者都可派上用场。根据研究团队的分析，用附肢捕食或对抗敌人的生物中，卡米拉迷猛蚁才是地球上咬合速度最快的生物。

运动速度如此之快仅靠肌肉的力量是不可能的。卡米拉迷猛蚁与大齿猛蚁一样透过弹簧推拉式活动机制，给腭骨尖端制造压力，当一边腭骨滑到另一边腭骨时，压力突然释放，以每秒90米的速度让附肢迅速开合。

让人想不到的是，节肢动物中带这类腭骨和附肢的生物有很多。近来随着高速照相机技术以及用三维方法捕捉细微结构的高分辨率X线图像技术逐渐成熟，这些动物的神秘世界正在被我们所了解。事实上，还有比这些速度更快的其他动物生存在我们的周边，只是我们不知道而已，对它们的研究还会继续下去。

2018年12月15日《首尔新闻》

제 12 과 임산부, 소음에 장기간 노출되면 조산위험 1.4 배 높다

📄 본문 原文

스웨덴 칼로린스카 의대, 85 만 7010 명 임산부 대상 연구

지하철 수준의 소음인 85 데시벨(dB) 이상에서 매일 8 시간 노출된 임산부는 예정일보다 출산을 빨리하고, 저체중 아기를 출산할 확률이 높다는 연구결과가 나왔다. 이는 시끄러운 소리에 장기간 노출되면 호르몬 분비가 교란되기 때문이다.

30 일 스웨덴 스톡홀름 칼로린스카 의과대학 환경의학과 제니 샐린더 교수팀은 2008 년 스웨덴 국립 보건복지부에 기록된 임산부 85 만 7010 명의 데이터를 75dB 미만(정상소음), 75~84dB(중간소음), 85dB(높은소음) 이상 총 3 그룹으로 나눠 조사했다. 이후 75dB 미만의 소음이 태아에 미치는 영향을 기준으로 '비교위험도(RR)'을 계산했다.

연구결과 매일 8 시간, 한달에 20 일 이상 85dB 에 노출된 산모는 대조군보다 조산과 저체중아를 출산할 확률이 1.4 배 높은 것으로 나타났다. 다만 중간 정도의 소음이 임산부의 건강과 태아에 미치는 영향은 미미했다. 임산부의 체중, 소득 수준 등은 실험 결과에 영향을 미치지 않았다.

조산은 임신 37 주 이전에 분만하는 것으로, 흡연, 자궁의 형태 등 원인이 다양한 것으로 알려져 있다. 예정일보다 출산이 빠를 경우 체중이 2500g 미만인 아이가 태어날 확률이 높다. 저체중아는 대부분 미숙아(이른둥이)이기 때문에 스스로 호흡하기가 곤란하고, 감염에 취약하다.

스웨덴 연구진이 소음이 임산부에 미치는 영향에 주목한 이유는 최근 소음에 노출될수록 스트레스 호르몬이 많이 분비된다는 것이 밝혀졌기 때문이다. 이에 연구진은 임산부와 태아의 건강에 소음이 미치는 영향을 알아보고자 했다. 임산부가 스트레스를 받을 때 태아에 미치는 영향을 규명한다면, 조산, 미숙아 출생 등을 막을 수 있는 치료제의 개발로 이어질 수 있기 때문이다.

연구진은 추가 연구에서 목수, 용접공 등 육체적 노동을 많이 하는 직군에서는 예정일보다 빨리 아이를 낳을 확률이 2 배 높아진다는 사실도 밝혀냈다.

실험을 이끈 제니 교수는 "이번 연구는 소음이 임산부에 미치는 부정적인 영향을 규명한 최초의 증거"라고 설명했다. 이번 연구결과는 국제 학술지인 '싸이언스 오브 더 토탈 인바이론먼트(종합환경과학·Science of the Total Environment)' 2019 년 1 월 호에 실렸다.

2018 년 12 월 1 일 <동아일보>

단어 单词

임산부[名词]孕妇
소음[名词]噪音
노출되다[自动词]暴露，裸露，泄露
데시벨[名词]分贝（decibel）
분비[名词]分泌
교란되다[自动词]搅乱，干扰，扰乱
대조군[名词]对照组
미미하다[形容词]微不足道，微乎其微，无足轻重，微弱
자궁[名词]子宫
알려지다[自动词]众所周知，传遍
미숙아（이른둥이）[名词]足月前婴儿（早产儿）
취약하다[形容词]脆弱，薄弱，软弱
주목하다[他动词]关注，注目
알아보다[他动词]调查，了解，分辨
목수[名词]木匠，木工
용접공[名词]焊接工
직군[名词]职业群体
낳다[他动词]生产，产下

어휘와 표현 词汇及表达

스웨덴[地名]瑞典
스톡홀름[地名]斯德哥尔摩
칼로린스카 의대 卡罗琳医学院（Karolinska Institutet）
제니 샐린더[人名]珍妮·塞兰德（Jenny Selander），卡罗琳医学院环境医学系教授
싸이언스 오브 더 토탈 인바이론먼트（종합환경과학）[期刊名] Science of the Total Environment
조산위험 早产危险
비교 위험도 相对危险度（Relative Risk，RR）

문법 해석 및 문장 표현 语法解释及句型使用

1. -기 때문에

句型，由语尾"-기"、依存名词"때문"、助词"에"组合而成，接在动词或形

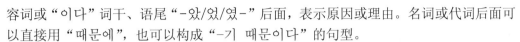

容词或 "이다" 词干、语尾 "-았/었/였-" 后面，表示原因或理由。名词或代词后面可以直接用 "때문에"，也可以构成 "-기 때문이다" 的句型。

例① 국제유가가 급격하게 하락하면서 공업제품과 전기•수도•가스, 서비스 가격 모두 상승폭이 둔화됐<u>기 때문이다</u>. (제 1 과)
这是因为国际油价急剧下滑，同时工业产品、水电煤气以及服务费涨幅迟缓的原因。

例② 지금까지 '해상대교'를 통해서만 닿을 수 있는 지역이었다면, 이제 고속철이라는 교통수단이 하나 더 추가되<u>기 때문</u>. 이 또한 융저우 철도 건설에 주목하는 이유다. (제 5 과)
如果说舟山以前只有利用跨海大桥才能通往宁波，那么现在舟山又多了"高铁"这种交通手段，所以甬舟铁路的建设备受外界关注。

例③ 저우산은 바다 건너 섬이라는 지리적 특성 <u>때문에</u> 그동안 철도 교통의 혜택을 받지 못했다. (제 5 과)
舟山作为一个岛屿城市，因为地域特点，长期以来一直不能享受到铁路开通所带来的各种便利。

例④ 이는 과량의 카페인을 섭취하면, 스트레스 호르몬인 '코르티솔'이 신진대사를 방해하<u>기 때문이다</u>. (제 7 과)
因为过量摄取咖啡因会使压力荷尔蒙"皮质醇"妨碍新陈代谢。

例⑤ 실내에서 보내는 시간이 많아지면 신체활동이 줄<u>기 때문에</u> 겨울철에 살이 찌는 이들이 많다. 그래서 운동을 하겠다고 마음을 먹는 경우가 많지만 운동시간을 내기가 마땅치 않다. (제 8 과)
待在室内的时间变多，身体活动的时间就变少，所以冬天长胖的人较多。

例⑥ 밤 시간에 운동을 해야 하는데 늦은 시간 운동은 숙면에 방해한다는 이야기 <u>때문에</u> 피하기도 한다. (제 8 과)
晚上应该可以运动了，又因太晚运动影响深度睡眠的说法而有所顾忌。

例⑦ 이 개미의 턱은 0.000015 초 만에 움직이<u>기 때문에</u> 연구팀은 초고속 카메라로 1 만 6000 배 느린 영상을 찍어 그 움직임을 파악했다. (제 11 과)
这种蚂蚁的腭骨由静止到张开，只需 0.000015 秒，所以研究团队通过高速摄像机用 16000 倍的慢速捕捉到了它的动作。

例⑧ 이는 시끄러운 소리에 장기간 노출되면 호르몬 분비가 교란되<u>기 때문이다</u>. (제 12 과)
这是因为外部噪音会搅乱荷尔蒙的分泌。

例⑨ 저체중아는 대부분 미숙아(이른둥이)이<u>기 때문에</u> 스스로 호흡하기가 곤란하고, 감염에 취약하다. (제 12 과)
因为低体重婴儿大部分是足月前婴儿（早产儿），所以自主呼吸困难，容易感染。

例⑩ 2017 년 기준 학교 부적응으로 학교를 떠난 중•고생 1351 명 가운데 91.8%인 1240 명이 대안교육 경험이 없는 것으로 조사됐<u>기 때문이다</u>. (제 14 과)

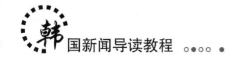

因为调查显示，2017 年由于不适应学校生活而退学的 1351 名初、高中生中的近 91.8%，即 1240 名没有进行替代型教育。

例⑪ 소비가 위축되는 분위기에도 명품 판매가 계속 증가하는 이유는 백화점에서 연 2000 만원 이상을 소비하는 VIP 고객의 구매력이 커졌<u>기 때문이다</u>.（제 16 과）

在消费不断萎缩的情况下，奢侈品消费却居高不下，其原因是百货店年度消费额超 2000 万韩元以上的 VIP 会员的购买能力在增大。

2. -아/어/여 있다

句型，由语尾"-아/어/여"、动词"있다"组合而成。"-아 있다"接在末音节元音为"ㅏ、ㅗ"的动词词干后面，"-어 있다"接在末音节元音不是"ㅏ、ㅗ"的动词后面，"-여 있다"接在动词"하다"之后，主要以缩略形式"해 있다"出现，表示行为结束后其状态或结果仍在持续。

例① 융저우 철도의 기능은 특히 관광객 유입에 초점이 맞춰<u>져 있다</u>（제 5 과）

甬舟铁路的焦点将集中在引入旅客方面。

☞ 表示甬舟高铁对旅游业的发展这件事会一直被关注。

例② 조산은 임신 37 주 이전에 분만하는 것으로, 흡연, 자궁의 형태 등 원인이 다양한 것으로 알려<u>져 있다</u>.（제 12 과）

一般妊娠 37 周之前分娩被认为是早产，早产的原因有吸烟、子宫本身的疾病等。

☞ 表示早产的原因众所周知。

3. 에 영향을 미치다

句型，由助词"에"、词组"영향을 미치다"组合而成，接在名词或代词或名词性句型后面，表示"给……带来影响"的意思。

例① 최근 일본 경기가 살아나며 현지 취업률이 높아진 것도 약대 유학생 증가<u>에</u> <u>영향을</u> <u>미쳤다</u>.（제 4 과）

近些年，日本经济复苏以及当地就业率提升也给赴日留学生人数的增加带来影响。

例② 임산부의 체중, 소득 수준 등은 실험 결과<u>에</u> <u>영향을</u> <u>미치지</u> <u>않았다</u>.（제 12 과）

孕妇体重、个人收入等不对本次实验结果产生影响。

例③ 마음에 드는 제품은 가격을 고려하지 않고 구매하는 20대의 소비 성향이 명품 구매<u>에</u> <u>영향을</u> <u>미친</u> 것으로 풀이된다.（제 16 과）

20 岁年龄段人群只要是心仪的产品就不会考虑价格高低的消费心理给奢侈品市场带来影响。

4. 연구결과가 나오다

句型，由名词"연구결과"、助词"가"、动词"나오다"组合而成，表示"有结果，结果显示"的意思。

例① 하루에 믹스커피를 5잔(100ml/잔) 이상 마시는 사람은 믹스커피를 1잔을 마시는 사람보다 대사증후군에 걸릴 확률이 1.5배 높다는 <u>연구결과가</u> 나와 눈길을 끈다. (제 7 과)
有研究表明，一天喝 5 杯速溶咖啡（100 毫升/杯）的人患上代谢症候群的概率比一天喝 1 杯速溶咖啡的人高 1.5 倍。该研究结果已经引起很多人的关注。

例② 지하철 수준의 소음인 85 데시벨(dB)이상에서 매일 8시간 노출된 임산부는 예정일보다 출산을 빨리하고, 저체중 아기를 출산할 확률이 높다는 <u>연구결과가 나왔다</u>. (제 12 과)
研究结果显示，孕妇如果在 85 分贝以上，即相当于地铁发出的噪音下每天持续暴露 8 小时，那么实际分娩时间会比预产日提前，分娩低体重婴儿的比例也增高。

5. 을/를 밝히다/밝혀내다，이/가 밝혀지다

句型，由助词 "을/를"、动词 "밝히다/밝혀내다" 组合而成，接在名词或代词后面，表示 "公布……，发现……" 的意思；也可以使用由助词 "이/가"、动词 "밝혀지다" 组成 "이/가 밝혀지다" 的句型，表示 "……被公布，……被发现" 的意思。

例① 최근 초고속 카메라의 발달과 곤충의 미세구조를 3차원적으로 파악할 수 있는 고해상도 X선 이미지 기술이 발달하면서 이들의 비밀<u>이</u> <u>밝혀지고 있다</u>. (제 11 과)
近来随着高速照相机技术以及用三维方法捕捉细微结构的高分辨率 X 线图像技术逐渐成熟，这些动物的神秘世界正在被我们所了解。

☞ -고 있다 句型，由语尾 "-고" 和动词 "있다" 组合而成，接在动词词干后，表示某个动作正在进行。

例② 연구진은 추가 연구에서 목수, 용접공 등 육체적 노동을 많이 하는 직군에서는 예정일보다 빨리 아이를 낳을 확률이 2배 높아진다는 사실<u>도</u> <u>밝혀냈다</u> (제 12 과)
研究团队在追加的研究过程中还发现，从事木工、焊接工的孕妇群，其分娩日期比预产期提前的概率比一般孕妇群体高出 2 倍。

例③ 이선희는 "전국 투어 매 공연을 찾아와주시는 관객 여러분들과 함께 받는 의미 있는 상이라고 생각합니다"라고 소감<u>을</u> <u>밝혔다</u>. (제 19 과)
李仙姬发表获奖感言，她说："感谢从全国各地赶来观看巡演的观众，这个奖因你们而意义重大。"

연습 문제 练习题

1. 다음 내용 중 본문 내용과 같은 것을 고르십시오. (　　)
请选出下面内容中与本文内容相同的选项。
1) 임산부는 장기간 중간 소음에 노출되면 조산할 확률이 1.4배 높다.
2) 높은 소음은 임산부의 건강과 태아에 부정적인 영향을 미친다.
3) 임산부의 체중, 소득 수준도 조산의 원인이 된다.
4) 운동을 많이 하는 사람은 조산의 확률이 2배 높아진다.

2. 본문 내용을 읽고 다음 질문에 답해 보십시오.
阅读本课内容后请回答以下问题。
1) 임신부 조산의 원인을 이야기해 보십시오.

2) 제니 샐린더 교수팀은 조사를 위하여 소음 강도를 어떻게 구분했습니까?

번역문 译文

第 12 课　孕妇在强噪音环境中长时间暴露时，早产危险提高 1.4 倍

　　瑞典卡罗琳医学院对 857010 名孕妇进行的一项研究显示，孕妇如果在 85 分贝以上，即相当于地铁发出的噪音下每天持续暴露 8 小时，那么实际分娩时间会比预产日提前，分娩低体重婴儿的比例也增高，这是因为外部噪音会搅乱荷尔蒙的分泌。

　　30 号，瑞典斯德哥尔摩卡罗琳医学院环境医学系珍妮·塞兰德教授带领的团队调取了自 2008 年起在瑞典国立保健部登记的 857010 位产妇的数据，按照 75 分贝以下（正常噪音）、75—84 分贝（中强度噪音）、85 分贝以上（强噪音）分成三组，然后把 75 分贝以下噪音对婴儿造成的影响作为标准，以此算出其他噪音的"相对危险度"。

　　研究结果显示，每日 8 小时，每月 20 天以上暴露在 85 分贝以上噪音环境下的孕妇，相比对照组（处于正常噪音下）的孕妇，其早产儿和低体重婴儿的出生比例高 1.4 倍。中强度噪音对孕妇和胎儿健康造成的影响还比较微弱。其中，孕妇体重、个人收入等不对本次实验结果产生影响。

　　一般妊娠 37 周之前的分娩被认为是早产，早产的原因有吸烟、子宫本身的疾病等。在预产期前分娩的新生儿普遍存在体重不足 2500 克的情况。因为低体重婴儿大部分是足月前婴儿（早产儿），所以自主呼吸困难，容易感染。

　　瑞典研究团队之所以关注噪音对孕妇的影响，是因为近来有研究显示，暴露在强噪音环境中的时间越长，压力荷尔蒙就分泌得越多。为此，研究团队调查了噪音对孕妇和胎儿健康所产生的影响，因为如果能查明孕妇压力与早产儿和低体重婴儿的出生有直接关系，那么相关药物的研发将会得到进一步推进。

　　研究团队在后续的研究过程中还发现，从事木工、焊接工的孕妇群，其分娩日期比预产期提前的概率比一般孕妇群体高出 2 倍。

　　负责该项目的珍妮教授说："本次研究首次为噪音会对孕妇造成不良影响的观点提供了证据。"该研究结果已发表在 2019 年 1 月的国际学术期刊 *Science of the Total Environment* 上。

2018 年 12 月 1 日《东亚日报》

7단원 교육

七单元　教育

제 13 과　교육부 학자금 대출 장기연체이자 은행보다 최대 3.8% 높아

📖 본문 原文

　감사원 "만 35세 이하 대학생 대출은 '취업 후 상환 대출'로 일원화해야"
　교육부가 대학생에게 지원하는 일반상환 대출의 장기연체이자 금리가 연 9%로, 시중은행 가산금리보다 최대 3.8%포인트 높다고 감사원이 지적했다.
　특히 취업 후 상환 대출과 달리 일반상환 대출은 대출한 다음 달부터 이자를 내도록 해 재학 중 부담이 크고, 장기연체 시 신용유의자로 등록하는 등 불이익을 초래하는 것으로 파악했다.
　감사원은 '대학생 학자금 지원사업 추진실태'를 감사한 결과 학자금 대출제도 설계·운영의 불합리한 점을 적발, 교육부 장관에게 개선을 요구했다고 13일 밝혔다.
　교육부의 학자금 대출제도는 모든 소득 분위(1~10 분위)의 만 55 세 이하 대학생·대학원생에게 빌려주는 일반상환 대출과 소득 8 분위 이하이면서 만 35 세 이하 대학생에게 빌려주는 취업 후 상환 대출이 있다.
　취업 후 상환 대출은 취업 등으로 연간 1 천 856 만원 이상 소득이 발생한 뒤에 원리금 상환 의무가 있고, 연체하더라도 신용유의자 등록 등 불이익이 없다.

신용유의자로 등록되면 신규 대출이나 신용카드 발급이 제한된다.

감사원 확인 결과 지난해 일반상환 대출자 38만 7천여 명이 465억원의 이자를 부담했고, 6개월 이상 장기연체자가 3만 6천여 명, 이 가운데 1만 1천여 명이 신용유의자로 등록됐다.

더구나 장기연체 지연배상금(연체이자) 금리가 시중은행보다 최대 3.8%포인트나 높은 것으로 나타났다.

감사원이 2018년 일반상환 대출 6개월 이상 연체자 3만 6천여 명에게 시중은행 가산금리를 적용해 계산한 결과 이들은 20억원 가량의 이자를 더 내는 것으로 산출됐다.

취업 후 상환 대출이 제대로 알려지지 않아 일반상환 대출을 받는 대학생이 많은 점도 문제로 지적됐다.

감사원이 2016년 2학기 이후 대출자를 확인한 결과 3분위 이하 대학생 4만 4천여 명은 취업 후 상환 대출을 받으면 무이자 혜택까지 받을 수 있었음에도 이를 모르고 일반상환 대출 410억원을 받아 3학기 동안 약 9억 8천만원의 이자를 부담한 것으로 집계됐다.

감사원은 교육부 장관에게 "일반상환 학자금 대출자의 장기연체에 따른 부담 완화를 위해 지연배상금률 인하 등 개선방안을 마련하고, 향후 만 35세 이하 대학생에 대해서는 소득 분위와 무관하게 취업 후 상환 대출로 일원화하는 방안을 마련하라"고 통보했다.

감사원은 또 교육부가 소득 분위에 따라 국가장학금을 지급하면서 신청자별 가구원 수의 차이를 반영하지 않고, 4인 가구 기준 중위소득(지난해 446만원)만을 사용해 모든 가구의 소득 분위를 구분했다고 지적했다.

가령 지난해 5인 이상 가구의 학생 2만 9천여 명이 4인 가구 기준을 적용받는 바람에 장학금을 받지 못했다.

감사원은 교육부 장관에게 국가장학금 지급과 관련, 가구원 수를 반영해 소득 분위를 결정하고, 저소득층 대학 신입생이 국가장학금 제도를 몰라서 지원받지 못하는 일이 없도록 홍보를 강화하라고 요구했다.

2018년 12월 13일 <연합뉴스>

단어 单词

대출[名词]贷款，放贷，放债
상환[名词]抵还，偿还
일원화하다[自动词][他动词]一元化，统一，并轨
연체[名词]延误，拖延
연체하다[他动词]延误，拖延

감사원[名词]审计局
가산[名词]相加，加上
금리[名词]利息，利率
시중은행[名词]商业银行
불이익[名词]没有好处，无利，无益
초래하다[他动词]招来，导致
학자금[名词]贷学金，助学贷款
불합리하다[形容词]不合理
적발[名词]检举，披露，揭发
원리금[名词]本利，本息
더구나[副词]尚且，况且，尤其，而且，加之
무이자[名词]无利息
완화[名词]缓和，减轻
인하[名词]降低
무관하다[形容词]无关联，没关系
통보하다[名词]通报，通告
가령[副词]假如，比方说，如果说

어휘와 표현 词汇及表达

신용유의자 个人征信不良记录的一种，叫不良信用观察者。信用不良者登记制度已于2005年废除，之后信用不良者按信用等级改名为金融债务不履行者和不良信用观察者

가산금리 附加利率，利率差额
추진실태 推进情况
소득 분위 收入等级
지연배상금 延期赔偿金
가구원 家庭成员
중위소득 中等收入，中产阶级

문법 해석 및 문장 표현 语法解释及句型使用

1. 을/를 위해(서)

句型，由助词"을/를"、动词"위하다"的活用形式"위해(서)"组合而成。"을 위해(서)"接在有收音的名词后，"를 위해(서)"接在没有收音的名词后，表示为有利于某一对象或为实现某一目标而做某事。

例① 감사원은 교육부 장관에게 "일반상환 학자금 대출자의 장기연체에 따른 부담 <u>완화를 위해</u> 지연배상금률 인하 등 개선방안을 마련하고, 향후 만 35세

이하 대학생에 대해서는 소득 분위와 무관하게 취업 후 상환대출로 일원화하는 방안을 마련하라"고 통보했다. （제 13 과）

审计局已向教育部部长发出通报："为了减轻一般偿还式助学贷款者因长期拖欠还款而带来的负担，希望实施以下综合整改方案：下调拖欠赔偿金利率；35 岁以下大学生申请助学金贷款，无须收入等级就能申请到就业后偿还式助学贷款。"

例② 현재 부산시 교육청은 학교 부적응 학생 교육을 <u>위해</u> 부산 자유 학교, 양정중학교 등 4개 기관을 대안교육 위탁 교육기관으로 지정•운영 중이다. （제 14 과）

目前，釜山市教育局管辖的釜山自由学校、阳亭中学等四所委培教育机构为不适应学校生活而退学的学生提供替代型教育。

例③ 현대백화점 관계자는 "20~30대를 중심으로 개성의 만족을 <u>위해</u> 고가품 소비를 망설이지 않는 '가치소비'가 확산되고 있다"면서 "이들은 중고가 제품보다 남들이 쉽게 살 수 없는 고가 명품을 찾는다"고 말했다. （제 16 과）

现代百货店有关人员表示："20—30 岁年龄段消费人群追求个性的'价值消费'观正在扩散，与中价位商品相比，他们更青睐于无人问津的高价商品，因此在购买这类商品的时候往往不会在乎它的价位。"

2．-기 위해 (서)

句型，由语尾"-기"、动词"위하다"的活用形式"위해(서)"组合而成，接在动词词干后面，表示目的或意图；也可以用由语尾"-기"、动词"위하다"的活用形式"위한"组成"-기 위한"的句型，接在动词词干后面，修饰后面的名词。

例① 약사가 되<u>기 위해</u> 일본 약대에 진학하려는 한국인 수험생이 늘고 있다. （제 4 과）

为了成为一名药剂师而打算赴日药学院留学的韩国学生人数呈上升趋势。

例② 최근 이탈리아 명품 펜디는 20 대 소비자에게 다가가<u>기 위해</u> 스포츠웨어 휠라와 손잡고 한정판 의류와 소품을 출시했다. （제 16 과）

最近，意大利品牌芬迪与运动服品牌菲拉联手，为 20 岁年龄段年轻人推出了限定款的服饰和小物件。

例③ 이선희 소속사 측은 "이번에도 역시 이런 팬들의 성원에 보답하<u>기 위해</u> 투어 일정을 2019 년까지 이어가기로 결정했다"고 전했다. （제 19 과）

李仙姬所属经纪公司表示："为了回馈粉丝们的厚爱，本次演唱会日程决定安排到 2019 年。"

例④ 이선희는 콘서트 장을 찾은 팬들에게 정말 좋은 웰메이드 공연을 선사하<u>기 위해</u>, 영상이나 음향 등에 아낌없이 최고의 투자를 하고 있다. （제 19 과）

为了能让李仙姬粉丝们看到一台高水准的演唱会，无论是舞美设计还是音响设备，我们不遗余力地给予最大的投入。

例⑤ 그는 자신의 디자인을 변호하<u>기 위해</u> 작품 해석을 스스로 집필할 필요가 없다. （제 20 과）

他不需要自己撰写书籍为自己设计的作品辩护。

例⑥ 고(故) 존 F 케네디 대통령을 기리기 위한 존 F 케네디 도서관까지 맡게 되며 미국정부까지 그의 역량을 인정받게 됩니다. (제 20 과)

受邀负责建造纪念已故美国总统约翰·肯尼迪的约翰·肯尼迪图书馆,这一工程使他的影响力得到了美国政府的认可。

3．-는 바람에

句型，由语尾"-는"、依存名词"바람"、助词"에"组合而成，接在动词词干后，表示原因、结果，通常指不好的结果。

例 가령 지난해 5인 이상 가구의 학생 2만 9천여 명이 4인 가구 기준을 적용받는 바람에 장학금을 받지 못했다. (제 13 과)

比方说，去年五口之家的学生近 29000 人因为按四口之家标准来核算，所以没有申请到奖学金。

☞ 表示不好的结果，因为五口之家按四口之家标准核算，导致这些学生没能申请到奖学金。

4．-더라도

连接语尾，接在动词或形容词或"이다""아니다"词干后面，表示假设或让步。

例 취업 후 상환 대출은 취업 등으로 연간 1천 856만원 이상 소득이 발생한 뒤에 원리금 상환 의무가 있고, 연체하더라도 신용유의자 등록 등 불이익이 없다. (제 13 과)

就业后偿还式助学贷款的申请者在就业后年收入达到 1856 万韩元，才有还本付息的义务，即使拖欠还款也不会成为不良信用观察者。

5．와/과 관련

句型，由助词"와/과"、名词"관련"组合而成。"과 관련"接在有收音的名词后面，"와 관련"接在没有收音的名词后面，表示"与……相关"的意思。

例① 한편 유 장관은 최근 발생한 KT 아현지사 화재와 관련 "5G 시대에는 통신 인프라의 안전 확보가 더 중요해질 것"이라면서 "정부는 이번 사고를 계기로 경각심을 갖고 안전한 5G 이용환경을 조성하는 데 최선을 다해 노력할 것"이라고 강조했다. (제 2 과)

另一方面，俞部长就前不久发生的 KT 阿岘分社火灾事故指出："5G 时代通信设备基础建设的安全性尤其重要。"他强调说："本次事故敲响了警钟，政府要全面提高安全防范意识，为打造安全、快速的 5G 商用服务环境而努力。"

例② 감사원은 교육부 장관에게 국가장학금 지급과 관련, 가구원 수를 반영해 소득 분위를 결정하고, 저소득층 대학 신입생이 국가장학금 제도를 몰라서 지원받지 못하는 일이 없도록 홍보를 강화하라고 요구했다. (제 13 과)

审计局就国家奖学金发放政策中需要按家庭成员来核算收入等级的规定向教育部

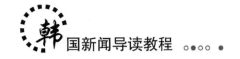

부장提出了整改要求，同时还希望教育部加强宣传，避免低收入家庭大学新生因不了解国家奖学金政策而错失资助机会。

6. (으)로 집계되다

句型，由助词"(으)로"、动词"집계되다"组合而成。"으로 집계되다"接在有收音（除了收音"ㄹ"）的名词后面，"로 집계되다"接在没有收音的名词或以收音"ㄹ"结尾的名词后面，表示"统计结果显示……"的意思。

例① 잡코리아와 알바몬이 공동 설문조사를 통해 직장인들이 일주일에 평균 근무하는 시간을 주관식으로 기재하게 한 결과 평균 49 시간 55 분<u>으로</u> <u>집계됐다</u>. （제 3 과）

Job Korea 公司与 Albamon 公司以主观答题方式对"每周工作时间"展开调查，统计结果显示，上班族一周平均工作时间为 49 小时 55 分钟。

例② 감사원이 2016 년 2 학기 이후 대출자를 확인한 결과 3 분위 이하 대학생 4 만 4 천여 명은 취업 후 상환 대출을 받으면 무이자 혜택까지 받을 수 있었음에도 이를 모르고 일반상환 대출 410 억원을 받아 3 학기 동안 약 9 억 8 천만원의 이자를 부담한 것<u>으로</u> <u>집계됐다</u>. （제 13 과）

审计局对 2016 年第二学期以后申请助学金贷款的学生进行核实后发现，有 44000 余名收入等级 3 级以下的大学生对自己可以获得就业后偿还式助学贷款及无利息优惠政策一无所知。结果显示，他们申请的一般偿还式助学贷款共计 410 亿韩元，三个学期累计利息达 9.8 亿韩元。

7. 통보하다

他动词，通报，要求。

例　향후 만 35 세 이하 대학생에 대해서는 소득 분위와 무관하게 취업 후 상환 대출로 일원화하는 방안을 마련하라고 <u>통보했다</u>. （제 13 과）

通报要求，以后 35 岁以下大学生申请助学金贷款，可无须收入等级就能申请到就业后偿还式助学贷款。

연습 문제 练习题

1. 다음 내용 중 본문 내용과 같은 것을 고르십시오. （　　）
请选出下面内容中与本文内容相同的选项。
1) 만 55 세 이하 대학생이면 일반상환 학자금 대출을 받을 수 있다.
2) 취업 후 상환 학자금 대출은 대출한 다음 달부터 이자를 내야 한다.
3) 일반상환 대출은 연체하더라도 신용유의자로 등록하지 않는다.
4) 교육부는 소득 분위와 신청자별 가구원 수의 차이에 따라 국가장학금을 지급하고 있다.

2. 본문 내용을 읽고 다음 질문에 답해 보십시오.
阅读本课内容后请回答以下问题。

1) 교육부 학자금 대출제도 및 문제점에 대하여 이야기해 보십시오.

2) 감사원은 교육부 학자금 대출에 대한 어떤 개선 방안을 통보했습니까?

번역문 译文

第13课　教育部发放的助学金贷款长期拖欠利率比银行高3.8%

审计局要求"35岁以下大学生贷款与'就业后偿还式助学贷款'并轨"。

审计局近日指出,教育部向大学生发放的一般偿还式助学贷款长期拖欠利率为9%,高于商业银行附加利率,最多高出3.8%。

据掌握的消息得知,尤其与就业后偿还式助学贷款不同的是,一般偿还式助学贷款要求贷方贷款后的第二个月就开始偿还利息,从而导致学生求学过程中经济负担过重,还有因长期拖欠还款留下信用不良记录等不利因素。

审计局针对"大学生助学贷款等资助项目的实际推进情况"进行调查,结果发现助学贷款项目在设计和运营上均存在不合理的环节。对此,审计局已于13日向教育部部长提出了整改要求。

教育部助学金贷款制度有两种,一种是针对所有收入等级（1—10级）55岁以下的大学生和研究生提供的一般偿还式助学贷款,另一种是针对收入等级8级以下35岁以下的大学生提供的就业后偿还式助学贷款。

就业后偿还式助学贷款的申请者在就业后年收入达到1856万韩元,才有还本付息的义务,即使拖欠还款也不会成为不良信用观察者。一旦成为不良信用观察者,在申请其他贷款或者信用卡的时候会受到限制。

审计局对去年38700余名申请一般偿还式助学贷款的人员做了调查,发现共产生了465亿韩元的利息,拖欠还款6个月以上的有36000余名,其中11000余名已列入不良信用观察者名单。

而且长期拖欠还款者所支付的拖欠赔偿金利率比商业银行高,调查显示最多高出3.8%。

审计局对2018年因故拖欠还款6个月以上的36000余人进行了调查,根据商业银行贷款利率差额进行核算后发现,这批人缴纳的滞纳金比商业银行要求的多了20亿韩元左右。

因为对就业后偿还式助学贷款政策不了解，所以很多大学生申请了一般偿还式助学贷款，这一问题也被暴露出来。

审计局对 2016 年第二学期以后申请助学金贷款的学生进行核实后发现，有 44000 余名收入等级 3 级以下的大学生对自己可以获得就业后偿还式助学贷款及享受无利息优惠政策一无所知。调查结果显示，他们申请的一般偿还式助学贷款共计 410 亿韩元，三个学期累计利息达 9.8 亿韩元。

审计局已向教育部部长发出通报："为了减轻一般偿还式助学贷款者因长期拖欠还款而带来的负担，希望实施以下综合整改方案：下调拖欠赔偿金利率；35 岁以下大学生申请助学金贷款，无须收入等级就能申请到就业后偿还式助学贷款。"

审计局还指出，教育部按照收入等级来支付国家奖学金，但没有对每个申请者家庭成员的多少做出相应评估，只是笼统以四口之家的中等收入级别（去年为 446 万韩元）来核算所有家庭的收入等级。

比方说，去年五口之家的学生近 29000 人因为按四口之家标准来核算，所以没有申请到奖学金。

审计局就国家奖学金发放政策中需要按家庭成员来核算收入等级的规定向教育部部长提出了整改要求，同时还希望教育部加强宣传，避免低收入家庭大学新生因不了解国家奖学金政策而错失资助机会。

2018 年 12 月 13 日《联合新闻》

제 14 과 "학교 부적응으로 학업 중단한 중·고생 90% 대안교육 없이 학교 떠나"

본문 原文

'학교 부적응'으로 학교를 떠나는 중·고교생의 대다수가 대안교육 경험 없이 학업을 중단하는 것으로 나타났다.

조철호 부산시 의원, "학업중단 예방시스템 정비 필요"
지난해 학업중단 1351 명의 92%가 대안교육 경험 없어
더불어민주당 소속 조철호(남구1) 부산시 의회 의원은 20일 부산시교육청에 대한 행정 사무감사에서 교육청의 학업중단 예방시스템의 문제점을 지적하고 개선을 촉구했다.

부산시 교육청이 조 의원에게 제출한 '최근 5 년간 중·고등학교 학업 중단자 현황자료'에 따르면 2014 년 2240 명(중 670 명, 고 1570 명), 2015 년 2026 명(중 532 명, 고 1494 명), 2016 년 1765 명(중 499 명, 고 1266 명), 2017 년 1919 명(중 477 명, 고 1442 명)이 각각 학업을 중단했다. 2018 년(10 월기준)에는 중학생 270 명과 고교생 906 명 등 1176 명이 학업을 중단했다.

학업 중단사유를 보면 질병, 가사, 해외출국, 미인정 유학[①], 부적응 등 다양했

[①] 韩国义务教育机构 "认可的留学" 指父母因正当理由出国，其子女在海外学习的留学经历。正当理由指在海外就业、作为公务员及驻外工作人员派遣海外、以研究为目的的访学等，其他情况均属于 "不认可的留学"。

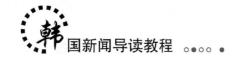

다. 학업중단 학생 수가 중학생은 매년 400~600여 명, 고교생은 1400~1500여 명에 이르고 있다

　이들 학업 중단자 가운데 학교 부적응 중학생은 2014년 343명, 2015년 231명, 2016년 233명, 2017년 198명으로 전체 학업 중단자의 41~51%를 차지했다. 또 학교 부적응 고교생은 2014년 1265명, 2015년 1220명, 2016년 1016명, 2017년 1153명으로 전체 학업 중단자의 79~81%를 차지했다. 중학생보다는 고교생이 학교 부적응으로 학업을 중단하는 비율이 월등히 높은 것이다.

　하지만 학업 중단 중·고생 가운데 대안교육 위탁 교육기관에서 교육을 받은 사례는 극소수인 것으로 나타났다. 2017년 기준 학교 부적응으로 학교를 떠난 중·고생 1351명 가운데 91.8%인 1240명이 대안교육 경험이 없는 것으로 조사됐기 때문이다. 겨우 8.2%인 111명만 대안교육 경험이 있는 것이다.

　2018년(10월 기준)의 경우 97%인 783명의 중·고생이 대안교육 경험 없이 학업을 중단했다. 조 의원은 "위탁 교육기관 운영취지를 제대로 살리지 못하고 있는 것 아니냐"고 따졌다.

　현재 부산시 교육청은 학교 부적응 학생 교육을 위해 부산 자유 학교, 양정중학교 등 4개 기관을 대안교육 위탁 교육기관으로 지정·운영 중이다. 이들 학교는 인성·예술·문화·진로교육 같은 대안 교과를 운영한다. 학생의 학적은 소속 학교에서 관리하고, 위탁 교육을 졸업 때까지 이수한 경우에는 소속 학교의 졸업장을 주는 학교다. 지난 9월 말 기준 이들 학교에는 230명이 위탁 교육에 참여하고 있다.

　조 의원은 "부산시교육청이 운영하는 위탁 교육기관이 학업중단 위기에 있는 학생 지원을 위한 장치로 제대로 작동하는지 점검할 필요가 있다"며 "공교육 테두리에서 학생을 보듬을 수 있는 시스템을 잘 구축해야 한다"고 강조했다.

2018년 11월 21일 〈중앙일보〉

▣ 단어 单词

부적응[名词]不适应
대다수[名词]大多数
중단[名词]中断
촉구하다[他动词]敦促，催促
없이[副词]没有，无
정비[名词]整顿，整改，维护，修理
질병[名词]疾病
차지하다[他动词]占有，占据
월등히[副词]超级，超群，不寻常，不一般
위탁[名词]委托，托付

사례[名词]事例，实例
극소수[名词]极少数
살리다[使动词]救活，挽救，使……活（"살다"的使动形式）
학적[名词]学籍
장치[名词]装置，举措
점검하다[他动词]检查，清点
공교육[名词]公立教育，公费教育
테두리[名词]范围，周围
보듬다[他动词]拥抱
구축하다[他动词]构建，建立（体制、体系等），构筑，搭建

어휘와 표현 词汇及表达

대안교육 替代型教育
경험 없이 毫无经验地
예방시스템 预防系统
더불어민주당 共同民主党
조철호[人名]赵喆镐，釜山市议会议员，所属共同民主党
행정 사무감사 行政事务监察
현황자료 现状资料
미인정 유학 不认可的留学
운영취지 运营宗旨
부산자유학교 釜山自由学校
양정중학교 杨亭中学（釜山）
진로교육 前途教育
대안 교과 替代型课程，教育方案

문법 해석 및 문장 표현 语法解释及句型使用

1. -(으)냐고, -느냐고

终结语尾。"-으냐고"接在有收音（除收音"ㄹ"）的形容词词干后面，"-냐고"接在没有收音的形容词词干、以收音"ㄹ"结尾的形容词词干或"이다""아니다"的词干后面，"-느냐고"接在动词词干或"있다""없다"的词干、语尾"-았/었/였-""-겠-"后面，表示引用或转述别人提问的内容。

例① 출퇴근 시간을 자유로이 유연하게 조절할 수 있<u>느냐</u>는 응답에는 79.7%가 '정해진 출퇴근 시간이 있어 반드시 그 시간을 지켜야 한다'고 답했다. (제 3 과)
对"是否可以自由调整上下班时间"这一问题的回答显示：79.7%的人回答"上下

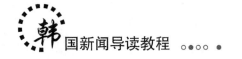

班时间是固定的，必须遵守"。

☞ "있느냐는"是"있느냐고 하는"的缩略形式。

例② 조의원은 "위탁 교육기관 운영취지를 제대로 살리지 못하고 있는 것 아니냐"고 따졌다. (제 14 과)

赵议员盘问道："这难道不是委培教育机构对其办学宗旨敷衍了事的行为吗？"

2. 에 이르다

句型，由助词"에"、动词"이르다"组合而成，接在名词后面，表示达到的程度。

例① 심할 경우 급성 심근경색으로 사망에 이를 수도 있다. (제 7 과)

严重时会出现急性心肌梗死而导致死亡。

例② 고교생은 1400~1500 여 명에 이르고 있다. (제 14 과)

高中生达 1400—1500 人次。

3. 촉구하다

他动词，敦促。

例 부산시 의회 의원은 20 일 부산시교육청에 대한 행정 사무감사에서 교육청의 학업중단 예방시스템의 문제점을 지적하고 개선을 촉구했다. (제 14 과)

釜山市议员在 20 日举行的关于釜山市教育局行政事务监察工作会议上，指出了学业中断预防体系上的问题，敦促教育局整改退学应急方案。

4. 강조하다

他动词，强调、注重、呼吁。

例① 유 장관은 최근 발생한 KT 아현지사 화재와 관련 "5G 시대에는 통신 인프라의 안전 확보가 더 중요해질 것"이라면서 "정부는 이번 사고를 계기로 경각심을 갖고 안전한 5G 이용환경을 조성하는 데 최선을 다해 노력할 것"이라고 강조했다. (제 2 과)

另一方面，俞部长就前不久发生的 KT 阿岘分社火灾事故指出："5G 时代通信设备基础建设的安全性尤其重要。"他强调说："本次事故敲响了警钟，政府要全面提高安全防范意识，为打造安全、快速的 5G 商用服务环境而努力。"

例② 자체 생산 비중이 높은 일룸은 '디자인 경영'도 강조하고 있다. (제 10 과)

怡伦还注重直接参与产品的设计经营。

例③ 조 의원은 "공교육 테두리에서 학생을 보듬을 수 있는 시스템을 잘 구축해야 한다"고 강조했다. (제 14 과)

赵议员强调："当局应当建立完善的教学机制，在公共教育的范畴内让所有的学生都能够接受正当的教育。"

例④ 바흐 IOC 위원장은 남과 북의 공동입장과 단일팀 구성 등을 통한 평화의 메시지를 이번 대회에서 특히 더 강조했다. (제 17 과)

国际奥委会主席巴赫在发言中特别强调,本届冬奥会韩国和朝鲜运动员共同步入会场以及韩朝联合参赛所蕴含的和平信息意义深远。

5. 지적하다/지적되다

他动词/自动词,指出、指责、揭露、暴露。

例① 잡코리아는 이같은 근무 유연성이 직원들의 생산성과 성과에 매우 중요한 영향을 미칠 수 있다고 <u>지적했다</u>.（제 3 과）

Job Korea 公司指出,上班时间的灵活性会对其生产价值创造产生重要影响。

例② 취업 후 상환 대출이 제대로 알려지지 않아 일반상환 대출을 받는 대학생이 많은 점도 문제로 <u>지적됐다</u>.（제 13 과）

因为对就业后偿还式助学贷款政策不了解,所以很多大学生申请了一般偿还式助学贷款,这一问题也被暴露出来。

例③ 부산시 의회 의원은 20 일 부산시교육청에 대한 행정 사무감사에서 교육청의 학업중단 예방시스템의 문제점을 <u>지적하고</u> 개선을 촉구했다.（제 14 과）

釜山市议员在 20 日举行的关于釜山市教育局行政事务监察工作会议上,指出了学业中断预防体系上的问题,督促教育局整改退学应急方案。

연습 문제 练习题

1. 다음 내용 중 본문 내용과 같은 것을 고르십시오.（　　　）

请选出下面内容中与本文内容相同的选项。

1）2018 년 학업 중단자 중 약 92%가 대안교육 경험이 없었다.

2）최근 5 년간 중학생 학업 중단자는 고등학생보다 더 많다.

3）학업 중단자는 위탁 교육기관에서 위탁 교육을 받을 때 학적은 소속 학교에서 관리한다.

4）부산 위탁 교육기관은 학업 중단자에게 잘 지원해 주고 있다.

2. 본문 내용을 읽고 다음 질문에 답해 보십시오.

阅读本课内容后请回答以下问题。

1）최근 5 년간 중•고등학교 학업 중단자 현황에 대해 이야기 해보십시오.

2）부산시 위탁 교육기관 현황에 대해 이야기해 보십시오.

번역문 译文

第 14 课　不适应学校生活而退学的初、高中生中近 90%无替代型教育计划

据悉，"因不适应学校生活"而退学的初、高中生大部分面临无替代型教育计划的困境。去年 1351 名退学者中 92%没有替代型教育方案，为此，釜山市议会议员赵喆镐（共同民主党，参选区域：南区 1 号）在 20 日举行的关于釜山市教育局行政事务监察工作会议上，指出了目前学业中断体系上的问题，敦促教育局整改退学应急方案。

赵议员向釜山市教育局提交了一份"最近五年初、高中生退学现况资料"，其中 2014 年退学 2240 人（初中生 670 人，高中生 1570 人），2015 年退学 2026 人（初中生 532 人，高中生 1494 人），2016 年退学 1765 人（初中生 499 人，高中生 1266 人），2017 年退学 1919 人（初中生 477 人，高中生 1442 人），2018 年（截至 10 月）退学的初中生为 270 人，高中生 906 人，合计 1176 人。

退学原因多种多样，有疾病、家务事、出国、不认可的留学、不适应等，每年退学的初中生达 400—600 人次、高中生 1400—1500 人次。

因不适应学校生活而退学的初中生 2014 年为 343 人次，2015 年 231 人次，2016 年 233 人次，2017 年 198 人次，占退学人数的 41%—51%；因不适应学校生活而退学的高中生 2014 年为 1265 人次，2015 年 1220 人次，2016 年 1016 人次，2017 年 1153 人次，占退学人数的 79%—81%。高中生不适应学校生活而退学的比例比初中生高很多。

然而，退学的初、高中生中只有极少数人在委培教育机构进行替代型教育。调查显示，2017 年由于不适应学校生活而退学的 1351 名初、高中生中近 91.8%（1240 名）没有进行替代型教育，仅 8.2%（111 名）接受了替代型教育。

2018 年（截至 10 月）退学者中的 97%（783 位）都是在没有替代型教育的情况下申请退学的。赵议员盘问道："这难道不是委培教育机构对其办学宗旨敷衍了事的行为吗？"

目前，釜山市教育局管辖的釜山自由学校、阳亭中学等四所委培教育机构为不适应学校生活而退学的学生提供替代型教育。这些学校开设的替代型课程主要包含人品、艺术、文化、前途教育等内容，学生的学籍由所属学校管理，当修完委托教育课程以后，所属学校会给他们颁发毕业证。截至去年 9 月末，共有 230 名学生在这些学校参加了委培教育。

赵议员表示："有必要检查釜山教育局辖区内委托教育机构的本职工作是否到位，即是否为面临学业中断危机的学生提供了必要的帮助。"他还强调："当局应当建立完善的教学机制，在公共教育的范畴内让所有的学生都能够接受正当的教育。"

2018 年 11 月 21 日《中央日报》

8단원 유행

八单元 潮流

제15과 망고포도·자두살구…못보던 새 과일 '불티'

📄 본문 原文

'샤인머스캣'이라는 포도 들어보셨습니까?
 한 송이에 2만원이 넘는 비싼 포도인데 단맛이 강해 없어서 못 팔 정도로 인기라고 합니다.
 또, 플럼코트, 썸머킹 같은 신품종 과일들이 뛰어난 맛으로 까다로운 소비자 입맛을 사로잡고 있습니다.
 정선미 기자의 보도입니다.
 500원짜리 동전보다 알이 큰 국산 청포도, 샤인머스캣입니다.
 한 송이에 무려 2만원이 넘지만 씨가 없고 껍질째 먹을 수 있는데다 당도가 높아, SNS상에서 '망고 포도' '귀족 포도'로 불리며 열풍이 불고 있습니다.
 <소비자> "(일반) 청포도와는 다르게 맛이 훨씬 좋고 아이들이 껍질이 얇고 당도가 높다 보니까 무척 좋아해서 구매를 자주 하는 편이에요."
 자두와 살구를 교배해 만든 '플럼코트'도 달콤 상큼한 맛 덕분에 올해 출하물량 35t이 부족할 정도로 인기였습니다.
 과즙이 풍부한 여름사과 '썸머킹'은 작년보다 생산량이 4배나 늘었고, 당도가 높은 녹색배 '그린시스'는 일반 배보다 60%나 높은 가격을 받았습니다.

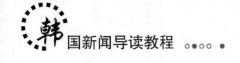

<모 과일본부 이사> "소비자의 입맛은 상당히 변하고 있고 눈높이도 상당히 높습니다. 현재 신품종을 개발해서 시장에 출하하고 있는데 상당히 소비자에게 인기가 좋고…"

정부는 이같은 신품종 과일을 적극 육성할 방침입니다.

<농촌진흥청 기술지원과장> "신품종 과일에 대한 전문가 평가를 통해서 시장이 원하는 상품을 생산자가 만들어 낼 수 있게끔 지원하고 결국은 농업인들의 소득 증대에 기여하고자…"

맛이 뛰어나고 먹기에도 편한 신품종 과일들, 지금 소비자들의 입소문을 타고 농가의 새로운 희망이 되고 있습니다.

2018년 12월 15일 <연합뉴스TV>

단어 单词

불티 [名词] 火花，导火索
까다롭다 [形容词]（为人）苛刻，难弄，挑剔
사로잡다 [他动词] 抓住，迷住，吸引住
무려 [副词] 足足，足有，竟（达）
째 [后缀词] 整
자두 [名词] 李子
살구 [名词] 杏
교배하다 [他动词] 配种
달콤하다 [形容词]（味道）香甜，甜蜜
상큼하다 [形容词]（气味、滋味）清香
눈높이 [名词] 眼光，分辨能力
출하하다 [动词] 发货，出厂，投放市场
육성하다 [动词] 培养，培育
기여하다 [动词] 做贡献

어휘와 표현 词汇及表达

샤인머스캣 青葡萄的一个品种，又名"杜果葡萄""贵族葡萄"
플럼코트 李子杏（plumcot），是一种李子和杏的杂交水果
썸머킹 夏季苹果，苹果的一个品种
정선미 [人名] 郑善美（音译），联合新闻TV的记者
SNS 社交网络服务（Social Networking Services）
그린시스 绿色梨，梨的一个品种
열풍이 불다 刮起热潮，盛行
불티나다 畅销

껍질째 먹다 连皮吃
입소문을 타다 口口相传

문법 해석 및 문장 표현 语法解释及句型使用

1. -아서/어서/여서

　　连接语尾，"-아서"接在末音节元音为"ㅏ、ㅓ"的动词或形容词词干后面，"-어서"接在末音节元音不是"ㅏ、ㅓ"的动词或形容词词干、"이다""아니다"的词干后面，"-여서"接在"하다"之后，主要以缩略形式"해서"的形式出现。

　　1) 表示前面的行为或状态是其原因或理由。
　　例① 강 대표는 "제품을 만드는 기본기에 마케팅을 강화해서 얻은 성과"라고 설명했다. （제 10 과）
　　姜总经理解释说："这是强化市场营销的结果，而这是一个制造企业的基本策略。"
　　例② 저소득층 대학 신입생이 국가장학금 제도를 몰라서 지원받지 못하는 일이 없도록 홍보를 강화하라고 요구했다. （제 13 과）
　　避免低收入家庭大学新生因不了解国家奖学金政策而错失资助机会。
　　例③ 한 송이에 2 만원이 넘는 비싼 포도인데 단맛이 강해 없어서 못 팔 정도로 인기라고 합니다. （제 15 과）
　　一串售价2万多韩元、糖度高的葡萄，市场上已到一串难求的地步，备受消费者青睐。
　　☞ 因为脱销所以供不应求。
　　例④ 아이들이 껍질이 얇고 당도가 높다 보니까 무척 좋아해서 구매를 자주 하는 편이에요. （제 15 과）
　　皮薄糖分高，孩子们很喜欢吃，所以经常购买。
　　例⑤ 이렇게 뜻 깊은 상을 주셔서 정말 감사드립니다. （제 19 과）
　　非常感激授予我如此意义深远的奖项。
　　☞ 因为给了我如此意义深远的奖项，所以我很感激。
　　2) 接在动词词干后，表示将行为动作按时间先后顺序进行连接。
　　例⑥ 대신 엄청난 탄성 에너지를 이용해서 상대방을 튕겨내거나 혹은 자신이 튕겨 나간다. （제 11 과）
　　而是通过特别强大的弹力给敌人致命的打击或者弹跳逃离。
　　例⑦ <모 과일본부 이사> "소비자의 입맛은 상당히 변하고 있고 눈높이도 상당히 높습니다. 현재 신품종을 개발해서 시장에 출하하고 있는데 상당히 소비자에게 인기가 좋고…" （제 15 과）
　　（某水果公司理事：）"消费者对产品的要求越来越高，现在研发投产的新品种得到了消费者的认可。"
　　例⑧ <농촌진흥청 기술지원과장> "신품종 과일에 대한 전문가 평가를 통해서 시장이 원하는 상품을 생산자가 만들어 낼 수 있게끔 지원하고 결국은 농업인

· 107 ·

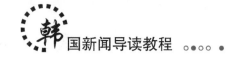

들의 소득 증대에 기여하고자…" (제 15 과)

（农村振兴厅技术支援部科长：）"厂家根据专家对新品种水果的评估研发生产出市场需求的新产品，对此我们给予鼓励和支持，最终还是为提高农民收入做贡献……。"

例⑨　무려 12 년동안 이오 밍 페이는 이 회사의 모든 건축을 도맡<u>아서</u> 짓게 됩니다. (제 20 과)

在他们长达十二年的合作期间，贝聿铭承揽了该公司的所有建筑项目。

2. -게끔

连接语尾，接在动词、形容词词干后，表示前句是后面出现的行为的目的、理由。

例　<농촌진흥청 기술지원과장> "신품종 과일에 대한 전문가 평가를 통해서 시장이 원하는 상품을 생산자 가만들어 낼 수 있<u>게끔</u> 지원하고 결국은 농업인들의 소득 증대에 기여하고자…" (제 15 과)

（农村振兴厅技术支援部科长：）"厂家根据专家对新品种水果的评估，研发生产出市场需求的新产品，对此我们给予鼓励和支持，最终还是为提高农民收入做贡献……"

☞ 鼓励和支持的内容是研发生产出市场需求的新产品。

3. -는데다

句型，由语尾 "-는"、依存名词 "데" 和助词 "다가" 的缩略形式 "다" 组合而成，接在动词词干或 "있다""없다" 词干后，表示在现在的行为或状态的基础上，附加另一个行为或状态。

例　한 송이에 무려 2 만원이 넘지만 씨가 없고 껍질째 먹을 수 있<u>는데다</u> 당도가 높아, SNS 상에서 '망고 포도''귀족 포도'로 불린다. (제 15 과)

一串售价高达 2 万多韩元，无籽，可带皮吃，另外糖度高，网名叫 "杧果葡萄""贵族葡萄"。

4. -(으)ㄹ 정도로

句型，由语尾 "-(으)ㄹ"、名词 "정도"、助词 "로" 组合而成。"-을 정도로" 接在有收音（除了收音 "ㄹ"）的动词或形容词词干后面，"-ㄹ 정도로" 接在没有收音的动词或形容词词干或以收音 "ㄹ" 结尾的动词或形容词词干后面，表示事件或动作达到某种程度。

例①　한 송이에 2 만원이 넘는 비싼 포도인데 단맛이 강해 없어서 못 <u>팔 정도로</u> 인기라고 합니다. (제 15 과)

一串售价 2 万多韩元、糖度高的葡萄，市场上已到一串难求的地步，备受消费者青睐。

例②　자두와 살구를 교배해 만든 '플럼코트'도 달콤 상큼한 맛 덕분에 올해 출하물량 35t 이 부족할 <u>정도로</u> 인기였습니다. (제 15 과)

李子和杏的杂交产品 "李子杏"，今年销售量 35 吨。其口感酸甜，人气爆棚，已到供不应求的地步。

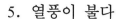

5. 열풍이 불다

　　句型，由名词"열풍"、助词"이"、动词"불다"组合而成，表示刮起热潮，流行。

　　例　한 송이에 무려 2 만원이 넘지만 씨가 없고 껍질째 먹을 수 있는데다 당도가 높아, SNS 상에서 '망고 포도' '귀족 포도'로 불리며 <u>열풍이 불고 있습니다</u>. （제 15 과）
　　一串售价高达 2 万多韩元，无籽，可带皮吃，另外糖度高，网名叫"杧果葡萄""贵族葡萄"，这种葡萄的销售已在社交网络上掀起一股热潮。

6. -ㄴ/은/는 편

　　句型，由语尾"-ㄴ/은/는"、依存名词"편"组合而成。"-는 편"接在动词词干和"있다""없다"词干后面，"-은 편"接在有收音（除收音"ㄹ"）的形容词词干后面，"-ㄴ 편"接在没有收音的形容词词干、以收音"ㄹ"结尾的形容词词干后面，表示"算、属于"的意思。

　　例①　공기업(46 시간 34 분)과 대기업(46 시간 22 분)은 각각 46 시간 남짓으로 <u>낮은 편</u>이었다. （제 3 과）
　　国有企业（46 小时 34 分钟）和大企业（46 小时 22 分钟）平均工作时间 46 小时多，相对较短。
　　☞ 国有企业、大企业的工作时间算短的。

　　例②　국내 학원비 감안하면 <u>괜찮은 편</u>이다. （제 4 과）
　　如果考虑到国内各种培训费，这个学费可以接受。
　　☞ 表示这个价位还算便宜。

　　例③　따라서 킬로미터 당 들어가는 비용도 <u>높은 편</u>이다. （제 5 과）
　　每公里所需资金投入较多。
　　☞ 每公里投入的费用算高的。

　　例④　아이들이 껍질이 얇고 당도가 높다 보니까 무척 좋아해서 구매를 자주 <u>하는 편</u>이에요 （제 15 과）
　　皮薄糖分高，孩子们很喜欢吃，所以经常购买。
　　☞ 属于经常购买的情况。

연습 문제 练习题

1. 다음 내용 중 본문 내용과 같은 것을 고르십시오. （　　）
请选出下面内容中与本文内容相同的选项。
1) 신제품 과일은 전문가의 질의를 받고 있다.
2) 신제품 과일의 출하량은 해마다 증가하고 있다.
3) 정부는 신제품 과일의 출하를 걱정하고 있다.
4) 농업인들은 신제품 과일때문에 소득이 줄어들었다.

2. 본문 내용을 읽고 다음 질문에 답해 보십시오.
阅读本课内容后请回答以下问题。
1) 요즘 시장에 나오는 인기 과일은 어떤 것들이 있습니까?

2) 일반 과일보다 훨씬 비싼 신제품 과일이 인기가 된 원인은 무엇입니까?

번역문 译文

第15课 杧果葡萄、李子杏……新品种水果已成"热卖"

听说过"杧果葡萄"吗？

一串售价2万多韩元、糖度高的葡萄，市场上已到一串难求的地步，备受消费者青睐。此外，李子杏，夏季苹果这类新品种水果，也以其出众的口感吸引着嘴刁的消费者。以下是郑善美（音译）记者的采访。

这是比500元硬币还要大的国产青葡萄，一串售价高达2万多韩元，无籽，可带皮吃，另外糖度高，网名叫"杧果葡萄""贵族葡萄"，这种葡萄的销售已在社交网络上掀起一股热潮。

（消费者：）"和（一般）青葡萄不同的是它的口感更好，皮薄糖分高，孩子们很喜欢吃，所以经常购买。"

李子和杏的杂交产品"李子杏"，今年销售量35吨。其口感酸甜，人气爆棚，已到供不应求的地步。

水分多的夏季苹果的销量比去年增长了4倍。糖分高的绿色梨的价位比一般梨要贵近60%，依旧供不应求。

（某水果公司理事：）"消费者对产品的要求越来越高，现在研发投产的新品种得到了消费者的认可。"

政府计划积极推进这类新品种水果的开发。

（农村振兴厅技术支援部科长：）"厂家根据专家对新品种水果的评估研发生产出市场需求的新产品，对此我们给予鼓励和支持，最终还是为提高农民收入做贡献……"

口感好，吃起来方便的新品种水果，现在通过消费群体的口口相传已成为农民发家致富的新希望。

2018年12月15日 《联合新闻TV》

제 16 과   불황 맞아 명품판매 고공행진…20 대가 '큰 손'

본문 原文

지난 8 일 강남 신세계백화점 2 층 명품관은 주말 쇼핑을 나온 손님으로 북적였다. 이 중 절반 이상이 20~30 대로 보이는 젊은 소비자였다. 명품관을 구경하던 이들의 손에는 발렌시아가, 루이비통 등 명품 브랜드 로고가 찍힌 쇼핑백이 하나씩 들려 있었다. 샤넬 매장 앞 길게 늘어선 줄에도 청바지와 운동화 차림의 젊은 소비자들이 눈에 띄었다.

경기 불황에도 백화점의 명품 판매가 급증하고 있다. 특히 20 대가 명품관의 '큰 손'으로 부상했다. 백화점 업계는 "개성만족 위해 소비하는 젊은 층이 고가 운동화, 시계, 패딩 등에 아낌없이 지갑을 열고 있다"고 분석했다.

최근 프랑스 명품 브랜드의 지갑을 샀다는 최모(29)씨는 "연말을 맞아 평소 갖고 싶었던 지갑을 샀다"라면서 "가방은 비싸서 선뜻 사기 부담스럽지만 지갑, 운동화, 선글라스 등은 마음 먹으면 살 수 있는 가격대라 평소에도 눈여겨본다"고 말했다.

유통산업의 중심이 매장(오프라인)에서 온라인으로 옮겨가는 흐름 속에서도 올해 주요 백화점은 성장세를 이어갔다. 해외 명품과 고가 가전 등이 성장을 견인했다. 소비 양극화가 심해지고 있다는 분석이 나온다.

10 일 신세계백화점에 따르면 올 들어 11 월까지 명품 매출은 지난해 같은 기간보다 19.2% 늘었다. 롯데•현대백화점도 같은 기간 명품 매출이 각각 17.8%, 14.6%씩 늘었다.

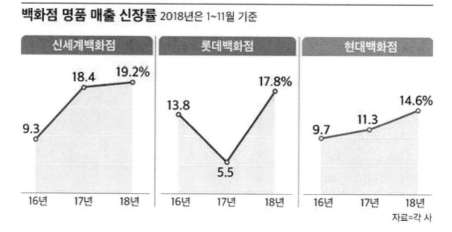

소비가 위축되는 분위기에도 명품 판매가 계속 증가하는 이유는 백화점에서 연

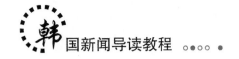

2000만원 이상을 소비하는 VIP 고객의 구매력이 커졌기 때문이다. 업계는 백화점 매출의 약 20~40%를 차지하는 VIP 고객을 중심으로 명품 판매가 늘어난 것으로 보고 있다.

명품 매출을 끌어올린 또 다른 축은 20대 소비자다. 올해 11월까지 신세계•롯데•현대백화점의 20대 명품 매출 신장률은 27~79%에 달했다. 30~40대의 명품 매출 신장률은 10%대였고, 50~60대는 한 자릿수에 그쳤다.

마음에 드는 제품은 가격을 고려하지 않고 구매하는 20대의 소비 성향이 명품 구매에 영향을 미친 것으로 풀이된다. 현대백화점 관계자는 "20~30대를 중심으로 개성의 만족을 위해 고가품 소비를 망설이지 않는 '가치소비'가 확산되고 있다"면서 "이들은 중고가 제품보다 남들이 쉽게 살 수 없는 고가 명품을 찾는다"고 말했다.

명품 시장에서 20대의 영향력이 커지면서 판매되는 제품의 종류도 다양해지는 추세다. 신세계백화점은 올해 밀레니얼(1980년 이후 출생) 고객 유치를 위해 50만원대 운동화, 액세서리 등 20~30대를 겨냥한 제품을 선보였다.

신세계백화점 관계자는 "20대는 콜라보레이션(협업) 제품, 고가 운동화, 프리미엄 패딩을 주로 구매한다"고 말했다. 실제 신세계백화점 프리미엄 패딩 매출은 올 들어 50% 이상 성장했다.

구찌, 샤넬, 펜디 등 해외 명품 브랜드들이 젊은 층 공략에 나선 것도 명품 판매에 기여한 것으로 보인다. 최근 이탈리아 명품 펜디는 20대 소비자에게 다가가기 위해 스포츠웨어 휠라와 손잡고 한정판 의류와 소품을 출시했다. 발렌시아가와 구찌도 운동화를 즐겨 신는 밀레니얼 세대를 겨냥해 양말 모양의 '삭스슈즈', 투박한 모양의 '어글리슈즈' 등 개성있는 운동화를 잇따라 선보이고 있다.

유통업계는 불황에 소비양극화가 심해지면서 명품을 비롯한 고가 제품과 저가 제품만 잘 팔리는 현상이 이어질 것으로 보고 있다. 백화점 관계자는 "명품을 포함한 모든 제품군이 프리미엄(고가)과 저가 시장으로 나뉘는 양상이 뚜렷해지고 있다"고 말했다.

2018년 12월 10일 〈조선일보〉

단어 单词

북적[名词]热热闹闹，人来人往
늘어서다[自动词]排队，排列
줄[名词]绳
차림[名词]打扮，穿戴，装束
경기[名词]经济状况
불황[名词]不景气
급증하다[自动词]剧增，急增

큰손[名词]贵宾，贵客，大户
부상하다[自动词]上升，飞跃，浮起
업계[名词]行业，业界
프리미엄[名词]高价
패딩[名词]羽绒服，棉服
아낌없이[副词]不惜一切地，不遗余力地，毫不吝啬地
선뜻[副词]欣然地，痛快地，爽快地
가격대[名词]价格范围，价位
눈여겨보다[他动词]注意看，留心看，细看
올[名词]今年,今（"올해"的略语）
오프라인[名词]离线，脱机，实体
흐름[名词]进程，流动，潮流
이어가다[他动词]延续，接续
견인하다[他动词]牵引，拖拉，主导，带头
양극화[名词]两极分化
위축되다[自动词]萎缩
구매력[名词]购买能力
씩[后缀词]各，各为，均为
자릿수[名词]位数
늘어나다[自动词]增加，增多，拉长
끌어올리다[他动词]拉上，提升，提高
축[名词]轴，中心；[依存名词]辈，类
신장률[名词]增长率，增幅
성향[名词]趋势，趋向，倾向，嗜好
풀이되다[自动词]解释，被理解
망설이다[他动词]犹豫，迟疑，举棋不定
추세[名词]趋势
밀레니얼[名词]新千年一代，千禧一代
겨냥하다[他动词]瞄准，朝，向
한정판[名词]限量版
소품[名词]小物件
출시하다[他动词]上市
투박하다[形容词]粗糙，粗里粗气
잇따르다[自动词]跟随，跟着
비롯하다[自动词][他动词]始于，出于，以……为首
나뉘다[被动词]被分开，被分割（"나누다"的被动形式）
양상[名词]状态，样子，面貌，情况
뚜렷하다[形容词]清楚，明显

어휘와 표현 词汇及表达

고공행진 居高不下，高空行进
명품관 名品馆
들려 있다 拎着，提着
유통산업 流通产业
한 자릿수 个位数
삭스슈즈 袜子鞋
어글리슈즈 丑鞋
개성있다 有个性
벌렌사이가 巴黎世家（BALENCIAGA）
루이비통 路易威登（LOUIS VUITTON）
샤넬 香奈儿（CHANEL）
만원대 一万韩元左右
콜라보레이션(협업) 合作公司生产的商品
프리미엄 패딩 优质羽绒服
구찌 古驰（GUCCI）
펜디 芬迪（FENDI）
스포츠웨어 运动服
휠라 斐乐（FILA）
눈에 띄다 显眼，抢眼
공략에 나서다 展开攻略，进军
올 들어 今年以来

문법 해석 및 문장 표현 语法解释及句型使用

1. -라(서)

连接语尾，接在"이다"或"아니다"的词干后，表示理由或根据。"-라서"在口语中可缩写成"-라"

例① 가방은 비싸서 선뜻 사기 부담스럽지만 지갑, 운동화, 선글라스 등은 마음 먹으면 살 수 있는 가격대라 평소에도 눈여겨본다"고 말했다. （제 16 과）
手提包太贵买不起，但是钱包、运动鞋、墨镜这些东西，价格还能够承受得起，所以平时会留心看看。

例② 제가 시상식에 함께 했었어야 했는데 지금 콘서트 중이라 참석하지 못했습니다. （제 19 과）
本应该到现场来参加颁奖典礼，但是因为在开演唱会，所以没能赶过去。

2. 차림

名词，打扮、穿戴、穿着。

例 샤넬 매장 앞 길게 늘어선 줄에도 청바지와 운동화 차림의 젊은 소비자들이 눈에 띄었다. (제 16 과)

在香奈儿专卖店门口，也有不少穿着牛仔裤、运动鞋，打扮醒目的年轻人在排长队。

3. 을/를 비롯해, 을/를 비롯한

句型，由助词"을/를"、动词"비롯하다"的活用型"비롯해"，或由助词"을/를"、动词"비롯하다"的活用形式"비롯한"结合而成。"을 비롯해, 을 비롯한"接在有收音的名词后面，"를 비롯해, 를 비롯한"接在没有收音的名词后面，表示"以……为首，以……为主"的意思。

例① 유통업계는 불황에 소비양극화가 심해지면서 명품을 비롯한 고가 제품과 저가 제품만 잘팔리는 현상이 이어질 것으로 보고 있다. (제 16 과)

流通领域迎来了消费两极分化的萧条期，即形成了以奢侈品为主的高价商品市场和以畅销品为主的低价商品市场。

例② ANOC 총회 첫 날 열린 이날 시상식에서 이들 외에 스노보드 황제 숀 화이트(미국), 이탈리아 쇼트트랙 스타 아리아나 폰타나가 각각 평창올림픽 남녀 최고의 선수로 꼽혔다. 이를 비롯해 총 9개 부문에서 시상이 이뤄졌다. (제 18 과)

本届国际奥协联合大会首日颁奖仪式中共颁发了最佳男子运动员和最佳女子运动员等九个奖项，美国单板滑雪运动员肖恩·怀特、意大利女子短道速滑运动员阿莉安娜·方塔纳，分获平昌冬奥会最佳男子运动员和最佳女子运动员称号。

4. -다는 분석이 나오다, -다고 분석하다

句型，由语尾"-다고"和动词"하다"组合而成的"-다고 하다"的活用形式"-다고 하는"与词组"분석이 나오다"组成"-다는 분석이 나오다"的句型，或者由语尾"-다고"、动词"분석하다"组成"-다고 분석하다"的句型，接在形容词词干或语尾"-았/었/였-""-겠-"后面，表示"有分析……"。

例① 해외 명품과 고가 가전 등이 성장을 견인했다. 소비 양극화가 심해지고 있다는 분석이 나온다. (제 16 과)

有分析认为，这主要因为海外奢侈品以及高价位家电拉动了销售额的增长，市场消费两极分化加剧。

例② 백화점 업계는 "개성만족 위해 소비하는 젊은 층이 고가 운동화, 시계, 패딩 등에 아낌없이 지갑을 열고 있다"고 분석했다. (제 16 과)

百货店业内人士分析："年轻人为追求个性，毫不吝啬地掏出钱包购买高价位的运动鞋、手表和羽绒服。"

5. (으)로 보이다

句型，由助词"(으)로"、动词"보이다"组合而成。"으로 보이다"接在有收

音（除了收音"ㄹ"）的名词后面，"로 보이다"接在没有收音的名词或以收音"ㄹ"结尾的名词后面，表示"看上去、看得出"的意思，也可以由助词"(으)로"、动词"보이다"的活用形式"보이는"组成"(으)로 보이는"的句型出现，修饰后面的名词。

例① 구찌, 샤넬, 펜디 등 해외 명품 브랜드들이 젊은 층 공략에 나선 것도 명품 판매에 기여한 것<u>으로</u> <u>보인다</u>. （제 16 과）
可以看出，古驰、香奈儿、芬迪等国际奢侈品牌瞄准年轻消费群体的做法实则是为提升奢侈品销量而采取的策略。

例② 이 중 절반 이상이 20~30 대<u>로</u> <u>보이는</u> 젊은 소비자였다. （제 16 과）
其中看上去 20 岁—30 岁年龄段的年轻人占大半。

6. (으)로 보고 있다

句型，由助词"(으)로"、动词词干"보(다)"、助词"고"、动词"있다"组合而成。"으로 보고 있다"接在有收音（除了收音"ㄹ"）的名词后面，"로 보고 있다"接在没有收音的名词或以收音"ㄹ"结尾的名词后面，表示"认为、视为"的意思。

例 업계는 백화점 매출의 약 20~40%를 차지하는 VIP 고객을 중심으로 명품 판매가 늘어난 것<u>으로</u> <u>보고</u> <u>있다</u>. （제 16 과）
业内人士认为，百货店销售额的 20%—40%来自这些 VIP 会员对奢侈品的购买。

7. -는 추세

句型，由语尾"-는"、名词"추세"组합而成，接在动词词干和"있다""없다"词干后面，表示具有某种趋势。

例 명품 시장에서 20 대의 영향력이 커지면서 판매되는 제품의 종류도 다양해지<u>는</u> <u>추세</u>다. （제 16 과）
随着奢侈品消费中 20 岁年龄段人群的扩大，奢侈品的种类也呈现出越来越多样化的趋势。

연습 문제 练习题

1. 다음 내용 중 본문 내용과 같은 것을 고르십시오. (   )
请选出下面内容中与本文内容相同的选项。
1) 경기 불황에도 오프라인 매장 판매는 급증하고 있다.
2) 30 대 소비자가 백화점 명품관의 주류가 되었다.
3) 요즘 고가제품과 저가제품이 잘 팔린다.
4) 젊은이들이 고가 상품을 찾는 이유는 누구나 명품을 갖고 있기 때문이다.

2. 본문 내용을 읽고 다음 질문에 답해 보십시오.
阅读本课内容后请回答以下问题。
1) 백화점이 성장세가 계속 이어가는 원인은 무엇입니까?

2) 명품 판매의 "큰 손"은 20대가 된 이유는 무엇입니까?

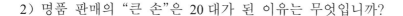 번역문 译文

第16课 经济不景气，奢侈品消费居高不下，20岁年龄段成最大买家

　　本月8日，记者走访了江南新世界百货店。2楼名品馆前挤满了周末前来扫货的顾客，其中看上去20岁—30岁年龄段的年轻人占大半，逛名品店的年轻人个个手里都提着巴黎世家、LV等奢侈品牌购物袋。在香奈儿专卖店门口，也有不少穿着牛仔裤、运动鞋，打扮醒目的年轻人在排长队。

　　经济不景气，但是百货店奢侈品消费却持续走高，特别是20岁年龄段的年轻人已经成为名品馆的最大买家。百货店业内人士分析："年轻人为追求个性，毫不吝啬地掏出钱包购买高价位的运动鞋、手表和羽绒服。"

　　最近刚刚买了法国名牌钱包的崔某在接受采访时说："快到年底了，下决心买了一个一直想要的钱包。手提包太贵买不起，但是钱包、运动鞋、墨镜这些东西，价格还能够承受得起，所以平时会留心看看。"

　　目前，流通领域的销售模式从实体店销售转向网络销售。在这样的大环境下，今年几家主要的百货店销售额持续走高。有分析认为，这主要因为海外奢侈品以及高价位家电拉动了销售额的增长，市场消费两极分化加剧。

　　以新世界百货店10日给出的数据为依据，截至11月份，新世界百货店奢侈品销售额同比增长19.2%。另外，从乐天百货店和现代百货店也了解到，今年11月份奢侈品销售额同比增长17.8%和14.6%。

　　在消费不断萎缩的情况下，奢侈品消费却居高不下，其原因是百货店年度消费额超2000万韩元以上的VIP会员的购买能力在增大。业内人士认为，百货店销售额的20%—40%来自这些VIP会员对奢侈品的购买。

　　此外，带动奢侈品消费的还有一波人群，那就是20岁年龄段的年轻消费者。截至今年11月，新世界百货店、乐天百货店、现代百货店20岁年龄段年轻人的奢侈品购买增长率达到27%—29%，30岁年龄段人群的奢侈品购买增长率为10%，50岁—60岁年龄段人群的奢侈品购买增长率只停留在个位数。

　　20岁年龄段人群只要是心仪的产品就不会考虑价格高低的消费心理给奢侈品市场带来影响。现代百货店有关人员表示："20岁—30岁年龄段消费人群追求个性的'价值消费观'正在扩散，与中价位商品相比，他们更青睐于无人问津的高价商品，因此他们在购买这类产品的时候往往不会在乎它的价位。"

随着奢侈品消费中 20 岁年龄段人群的扩大，奢侈品的种类也呈现出越来越多样化的趋势。为了吸引千禧一代（1980 年以后出生）消费人群，新世界百货店今年推出了 50 万韩元起价的运动鞋、首饰等适合 20 岁—30 岁年龄段消费者的商品。

新世界百货店有关人员表示："20 岁年龄段年轻人主要购买合作公司生产的商品、高价位运动鞋以及高价位羽绒服。"近来，新世界高价位羽绒服销售额同比增长了 50%。

可以看出，古驰、香奈儿、芬迪等国际奢侈品牌瞄准年轻消费群体的做法实则是为提升奢侈品销量而采取的策略。最近，意大利品牌芬迪与运动服品牌菲拉联手，为 20 岁年龄段年轻人推出了限定款的服饰和小物件。巴黎世家和古驰也接连推出了适合 20 岁年轻人审美观念的"袜子鞋"和"丑鞋"。

流通领域迎来了消费两极分化的萧条期，即形成了以奢侈品为主的高价商品市场和以畅销品为主的低价商品市场。百货店有关人员表示："包括奢侈品在内的所有产品分化成高价商品和低价商品的现象将更加明显。"

2018 年 12 月 10 日《朝鲜日报》

9단원 스포츠
九单元　体育

제 17 과 평창 올림픽, 전 세계에 전한 개막 메시지는 '평화'

📄 본문 原文

　2018 평창 동계올림픽은 9 일 강원도 평창의 올림픽플라자 개·폐회식장에서 열린 개회식을 시작으로 공식적인 대회를 시작했다.
　남북이 각각 주도하는 세계태권도연맹(WTF)와 국제태권도연맹(ITF) 시범단의 사전 합동공연으로 분위기를 띄운 개막식은 올림픽 역사상 최초로 행사 전용시설로 만들어진 3 만 5000 석 규모의 개·폐회식장에서 추운 날씨에도 약 두 시간 가량 진행됐다.
　무대 중앙의 평화의 종이 울리며 시작된 개회식은 강원도의 다섯 아이가 발견한 수정 구슬과 함께 떠나는 모험으로 이어졌다. 뒤이어 한국의 문화유산 22 종이 등장했고, 백호의 인도로 평화의 땅을 찾았다.
　웅녀를 만난 강원도의 다섯 아이는 문재인 대통령, 그리고 토마스 바흐 국제올림픽위원회(IOC) 위원장과 인사를 나눴다. 문재인 대통령은 뒤이어 김여정 북한 노동당 중앙위원회 제1부부장, 김영남 최고인민회의 상임위원장과 악수와 인사를 나누기도 했다.

뒤이어 등장한 태극기는 한국이 배출한 강광배(썰매), 진선유(쇼트트랙), 박세리(골프), 이승엽(야구), 황영조(마라톤), 서향순(양궁), 임오경(핸드볼), 하형주(유도)까지 8명의 손에 들려 게양됐다.

태극기가 게양된 경기장에는 그리스를 시작으로 선수단이 차례로 입장했다. 92개 참가국 가운데 가나다순으로 90개국이 차례로 등장했고 가장 마지막 순간 남과 북의 선수단이 함께 한반도기를 들고 큰 박수와 함께 입장했다.

과거를 지나 등장한 세계 각국의 선수단에 이어 무대에서는 한국의 현재, 그리고 미래가 화려하게 펼쳐졌다. 5명의 강원도 아이들은 미래의 문을 지나 자신의 꿈과 만났다. 이번 대회의 테마 가운데 하나인 ICT 올림픽의 구현이었다. 이어 세계와 세계, 사람과 사람을 연결하는 빛의 무대가 이번 대회를 향하는 전 세계의 관심을 표현했다.

이어 이희범 조직위원장과 토마스 바흐 IOC 위원장의 연설이 이어졌다. 바흐 IOC 위원장은 남과 북의 공동입장과 단일팀 구성 등을 통한 평화의 메시지를 이번 대회에서 특히 더 강조했다.

문재인 대통령의 대회 개막 선언에 이어 한국을 대표하는 4명의 가수 전인권과 이은미 안지영(볼빨간사춘기), 하현우(국카스텐)이 함께 부르는 평화의 노래

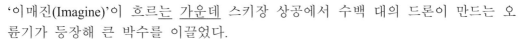

'이매진(Imagine)'이 흐르는 가운데 스키장 상공에서 수백 대의 드론이 만드는 오륜기가 등장해 큰 박수를 이끌었다.

 열기를 더하는 분위기 속에 대형 오륜기가 무대에 등장했다. 오륜기는 앞서 등장한 태극기와 마찬가지로 한국을 대표했던 4명의 스포츠인(강찬영, 신혜숙, 김윤만, 김귀진)과 4명의 유망주(유영, 이준서, 장유진, 정승기)에 의해 게양됐다.

 뒤이어 무대에서는 올림픽 찬가가 울려 퍼졌고, 선수·심판·코치 선서가 이어졌다. 개회식의 피날레는 성화 점화가 장식했다.

 동계올림픽 금메달 4개에 빛나는 전이경이 성화봉을 들고 무대에 나타났고, 골프 박인비와 축구 안정환을 거쳐 남북 여자 아이스하키 단일팀으로 이번 대회에 출전하는 박종아(한국)와 정수현(북한)에 성화가 전달됐다. 박종아와 정수현이 성화를 전달한 최종 점화자는 김연아였다.

 김연아는 성화대 앞에 마련된 빙판에서 스케이트를 타고 점화했고, 불기둥이 솟구치며 달항아리 모양의 성화대에 점화됐다. 뒤이어 소망의 불꽃이라는 주제로 무대를 채운 솟대에서 피어오르는 불꽃과 함께 2시간여 개회식의 마침표를 찍었다.

2018년 2월 9일 〈NoCut 뉴스〉

단어 单词

주도하다[他动词]主导，引领
시범단[名词]表演团，示范团
띄우다[使动词]使浮起，使升起（"뜨다"的使动形式）
뒤잇다[自动词][他动词]接下来，接着
백호[名词]白老虎，白虎
웅녀[名词]熊女
배출하다[他动词]培育，培养
썰매[名词]雪橇
양궁[名词]射箭
핸드볼[名词]手球
가나다순[名词]韩文字母顺序
펼치다[他动词]展开，打开，铺开，展示，展现
펼쳐지다[自动词]展开，打开，铺开，展示，展现
테마[名词]主题，主旋律，题目
구현[名词]具体体现，展现
단일팀[名词]联合代表队
드론[名词]无人机
오륜기[名词]五环旗

유망주[名词]体坛新秀
찬가[名词]颂歌
선서[名词]宣誓
피날레[名词]最后乐章，大结局
성화봉[名词]火炬，圣火棒
불기둥[名词]火柱
솟구치다[自动词]喷出，奔涌而出
성화대[名词]火炬台，圣火台
점화되다[自动词]点火
솟대[名词]长杆

어휘와 표현 词汇及表达

세계태권도연맹[专有名词]世界跆拳道联合会（World Taekwondo Federation，WTF），1973年5月28日在韩国成立
국제태권도연맹[专有名词]国际跆拳道联盟（International Taekwon-Do Federation，ITF），1966年3月22日在韩国成立
행사 전용시설 活动专用设施
수정 구슬 水晶球
토마스 바흐[人名]托马斯·巴赫（Thomas Bach）
국제올림픽위원회[专有名词]国际奥林匹克委员会（International Olympic Committee，IOC）
인사를 나누다 互致问候
ICT[专有名词]信息和通信技术（Information and Communication Technology）
이희범[人名]李熙范，平昌冬奥组委会主席
조직위원장 组委会委员长
이매진 平昌冬奥会主题曲《想象》
열기를 더하다 气氛高涨，热情高涨
김연아[人名]金妍儿，韩国花样滑冰女单选手，2010年温哥华冬奥会女单金牌获得者
달항아리 月亮缸

문법 해석 및 문장 표현 语法解释及句型使用

1. 에 의해

　　句型，由助词"에"、动词"의하다"的活用形式"의해"组合而成，接在名词之后，表示通过某一手段或方法，或依据某一情况或基准。
　　例　열기를 더하는 분위기 속에 대형 오륜기가 무대에 등장했다. 오륜기는

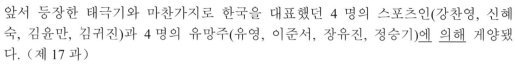

앞서 등장한 태극기와 마찬가지로 한국을 대표했던 4명의 스포츠인(강찬영, 신혜숙, 김윤만, 김귀진)과 4명의 유망주(유영, 이준서, 장유진, 정승기)에 의해 게양됐다. (제17과)

在热烈的气氛中，奥运五环旗在四名韩国运动员（棒球选手姜灿英、花滑选手申惠淑、短道速滑选手金润万、前短道速滑选手金贵真）和四名韩国体坛新秀（花滑选手柳英、自由式滑雪选手张儒珍、冰球选手李俊西、俯式冰橇选手郑胜其）的护卫下缓缓升起。

☞ 奥运五环旗由八名运动选手护卫并升起。

2. -아/어/여지다

句型，由语尾"-아/어/여"、动词"지다"组合而成。"-아지다"接在末音节元音为"ㅏ、ㅗ"的动词或形容词词干后面；"-어지다"接在末音节元音不是"ㅏ、ㅗ"的动词或形容词词干后面；"-여지다"接在"하다"之后，主要以缩略形式"해지다"出现。

1) 接在动词词干后面，表示某一行为得以实施，或某种动作自然地发生成为某种状态。

例① 일본 약대를 졸업해도 한국의 약사 국가시험에 응시할 자격이 <u>주어진다</u>. (제4과)

从日本药学院毕业回来的学生具备参加韩国国内药剂师国家考试的资格。

☞ 这些学生回韩国后被赋予韩国国内药剂师国家考试资格。

例② PEET 응시 인원은 첫 시험이 <u>치러진</u> 2010년 1만 47명에서 올해 1만 4892명으로 48% 늘었다. (제4과)

韩国药剂师国家考试从2010年开始实施，第一次考试共有10047人参加，今年参考人数14892人，同比增长48%。

例③ 중국이 베일에 <u>가려진</u> 달 뒷면 탐사를 위한 무인 우주선 '창어(嫦娥)-4호' 발사에 성공했다. (제6과)

为揭开月球背面神秘的面纱，中国成功发射"嫦娥四号"探测器。

☞ 月球背面被遮挡。

例④ 취업 후 상환 대출이 제대로 <u>알려지지</u> 않아 일반상환 대출을 받는 대학생이 많은 점도 문제로 지적됐다. (제13과)

因为对就业后偿还式助学贷款政策不了解,所以很多大学生申请了一般偿还式助学贷款，这一问题也被暴露出来。

☞ 就业后偿还式助学贷款不被了解。

例⑤ 유통업계는 불황에 소비양극화가 심해지면서 명품을 비롯한 고가 제품과 저가 제품만 잘 팔리는 현상이 <u>이어질</u> 것으로 보고 있다. (제16과)

流通领域迎来了消费两极分化的萧条期，即形成了以奢侈品为主的高价商品市场和以畅销品为主的低价商品市场。

☞ 两极分化现象将持续下去。

例⑥ 무대 중앙의 평화의 종이 울리며 시작된 개회식은 강원도의 다섯 아이가 발견한 수정 구슬과 함께 떠나는 모험으로 이어졌다. (제17과)

舞台中央的和平钟敲响了,开幕式在江原道五名儿童寻找水晶球的冒险活动中拉开了帷幕。

☞ 冒险活动的节目被接上了。

例⑦ 과거를 지나 등장한 세계 각국의 선수단에 이어 무대에서는 한국의 현재, 그리고 미래가 화려하게 펼쳐졌다. (제17과)

象征过去的开幕式第一章结束,舞台上即将展现的是韩国的现在和未来。

☞ 象征韩国现在和未来的一幕将被呈现。

例⑧ '가요계의 전설' 이선희의 수상 소식이 전해지면서 현장의 환호성을 자아냈다. (제19과)

"歌谣界传奇"李仙姬获奖的消息一公布,现场一片欢呼声。

☞ 李仙姬获奖的消息被传开。

2) 接在形容词词干后,词性由形容词变成自动词,表示逐渐形成某种狀態。

例⑨　낮아지다[自动词]变低,降低,变弱　　（제1과）
例⑩　좁아지다[自动词]变窄　　　　　　　（제4과）
例⑪　쌀쌀해지다[自动词]变凉　　　　　　（제8과）
例⑫　커지다[自动词]变大　　　　　　　　（제16과）
例⑬　다양해지다[自动词]变多样　　　　　（제16과）
例⑭　심해지다[自动词]加重　　　　　　　（제16과）
例⑮　뚜렷해지다[自动词]明显　　　　　　（제16과）

3．-기도 하다

句型,由语尾"-기"、助词"고"、动词"하"组成"-기도 하다"的句型,接在动词、形容词词干或"이다""아니다"的词干或语尾"-았/었/였-"后面,强调认同某些事实确实如此。

例① 밤 시간에 운동을 해야 하는데 늦은 시간 운동은 숙면에 방해한다는 이야기 때문에 피하기도 한다. (제8과)

晚上应该可以运动了,又因太晚运动影响深度睡眠的说法而有所顾忌。

例② 그러나 연구팀은 잠들기 1시간 이내에 하는 운동이나 격렬한 고강도 운동은 수면에 악영향을 미칠 수 있다는 분석결과를 내놓기도 했다. (제8과)

但是,研究团队也提供了另一个分析结果:入睡前1小时内运动或者进行高强度运动会影响睡眠质量。

例③ 문재인 대통령은 뒤이어 김여정 북한 노동당 중앙위원회 제1부부장, 김영남 최고인민회의 상임위원장과 악수와 인사를 나누기도 했다. (제17과)

文在寅总统站起来,和身后的朝鲜劳动党中央委员会第一副部长金与正、最高人民会议常任委员长金永南握手问候。

4. 에 이어

句型，由助词"에"、副词"이어"组合而成，放在名词或代词或名词性句型之后，表示"接着、接下来"的意思。

例① 문재인 대통령의 대회 개막 선언<u>에</u> <u>이어</u> 한국을 대표하는 4명의 가수 전인권과 이은미 안지영(볼빨간사춘기), 하현우(국카스텐)이 함께 부르는 평화의 노래 '이매진(Imagine)'이 흐르는 가운데 스키장 상공에서 수백 대의 드론이 만드는 오륜기가 등장해 큰 박수를 이끌었다. （제 17 과）

韩国总统文在寅宣布，第23届冬季奥林匹克运动会开幕。随后，全人权、李恩美、安之英、何轩雨4名韩国歌手共同唱响和平之歌《想象》。此时，由数百台无人机组成的五环旗在滑雪场上空缓缓升起，现场掌声雷鸣。

☞ 表示一个环节紧接着下一个环节。

例② 더욱이 '2014 티켓파크-골든 티켓 어워즈'<u>에</u> <u>이어</u> '2018 멜론어워즈-스테이지 오브 더 이어'까지 수상, 공연부문 2 관왕을 거머쥐며 유일무이한 위엄을 입증하고 있다. （제 19 과）

特别是（李仙姬）在 TICKET PARK 网站上获得"2014 金色门票大奖"后，在"2018 甜瓜音乐奖"颁奖典礼上又斩获"年度舞台奖"，成为演唱会历史上唯一一位双冠王，再次证明了李仙姬殿堂级实力歌手的地位。

☞ 表示获得一个奖项后又获得了另一个奖项。

例③ 한편 '2018 이선희 콘서트 클라이맥스(Climax)'는 오는 15, 16 일 청주, 29일 광주<u>에</u> <u>이어</u> 2019년 1월부터 4월까지 울산, 부산, 천안, 진주, 원주 등 전국 각지에서 펼쳐진다. （제 19 과）

另外"2018 李仙姬登峰演唱会"12月15日、16日在清州演出；29日光州演出结束后，2019年1月到4月期间还将在蔚山、釜山、天安、晋州、原州等城市进行巡回演出。

☞ 表示演出一场接一场。

5. 박수와 함께 입장하다

句型，由名词"박수"、助词"와"、副词"함께"、动词"입장하다"组合而成，表示"伴随着掌声登场、在掌声中亮相"的意思。

例 92 개 참가국 가운데 가나다순으로 90 개국이 차례로 등장했고 가장 마지막 순간 남과 북의 선수단이 함께 한반도기를 들고 큰 <u>박수와</u> <u>함께</u> <u>입장했다</u>. （제 17 과）

随后运动员出场。本届冬奥会共有92个国家参加，瑞典队第一个步入会场，另外90支参赛队按其韩文国名首字母顺序依次出场，最后由韩国和朝鲜的队员共同举着朝鲜半岛旗帜伴随着掌声携手步入会场。

6. 마침표를 찍다

句型，由名词"마침표"、助词"를"、动词"찍다"组合而成，表示"画上句号"

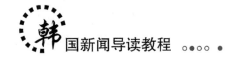

的意思。

例　뒤이어 소망의 불꽃이라는 주제로 무대를 채운 솟대에서 피어오르는 불꽃과 함께 2시간여 개회식의 마침표를 찍었다. (제17과)

接着是以"希望火焰"为主题的烟花燃放，体育场内火焰跳动，烟花绽开，为两个多小时的开幕式画上了圆满的句号。

연습 문제 练习题

1. 다음 내용 중 본문 내용과 같은 것을 고르십시오. (　　)
请选出下面内容中与本文内容相同的选项。
1) 3만 5000석인 평창 올림픽플라자는 개막식 전용시설이다.
2) 태극기는 남북 태권도 시범단 손에 들려 게양됐다.
3) 성화봉은 박인비와 안정환으로부터 김연아에게 전달됐다.
4) 오륜기는 한국을 대표한 4명의 스포츠인에 의해 게양됐다.

2. 본문 내용을 읽고 다음 질문에 답해 보십시오.
阅读本课内容后请回答以下问题。
1) 평창 동계올림픽 개막식의 진행 순서를 이야기해 보십시오.

2) 평창 동계올림픽이 전 세계에 전한 메시지는 왜 '평화'라고 합니까?

번역문 译文

第17课　平昌冬奥会开幕式向全世界传递"和平"信息

2018平昌冬奥会开幕式9日在江原道平昌奥林匹克体育场馆内举行，由朝鲜和韩国代表团引领的世界跆拳道联合会和国际跆拳道联盟表演团共同上演的节目烘托出开幕式热烈的气氛。平昌奥林匹克体育场馆作为2018年冬季奥林匹克运动会开幕式和闭幕式专用场馆，能容纳35000名观众同时观看。开幕式在寒冷的天气中进行了两个多小时。

舞台中央的和平钟敲响了，开幕式在江原道五名儿童寻找水晶球的冒险活动中拉开了帷幕，随后韩国22项文化遗产登场亮相，五名儿童在白虎的引导下找到了和平圣地，见到了熊女。

然后，五名江原道儿童走向主席台，向文在寅总统、国际奥林匹克委员会主席托马斯·巴赫敬礼。文在寅总统站起来,和身后的朝鲜劳动党中央委员会第一副部长金与正、最高人民会议常任委员长金永南握手问候。

接下来进行的是有韩国八位著名运动员参与的东道主升旗仪式,分别是雪橇运动员姜光培、短道速滑运动员陈善有、高尔夫运动员朴世利、棒球运动员李承烨、马拉松运动员黄永祚、射箭运动员徐香顺、手球运动员林五卿、柔道运动员河亨柱。

随后运动员出场。本届冬奥会共有92个国家参加,瑞典队第一个步入会场,另外90支参赛队按其韩文国名首字母顺序依次出场,最后由韩国和朝鲜的队员共同举着朝鲜半岛旗帜伴随着掌声携手步入会场。

象征过去的开幕式第一章结束后,舞台上即将展现的是韩国的现在和未来。五名江原道儿童通过未来之门见到了自己的梦想。本次冬奥会的主题之一是用ICT来展现奥林匹克之夜,连接世界与世界、人与人的光束装点着舞台,以此显示全世界都在聚焦本次大会。

平昌冬奥会组委会主席李熙范和国际奥委会主席巴赫相继发表演讲。国际奥委会主席巴赫在发言中特别强调,本届冬奥会韩国和朝鲜运动员共同步入会场以及韩朝联合参赛所蕴含的和平信息意义深远。

韩国总统文在寅宣布,第23届冬季奥林匹克运动会开幕。随后,全人权、李恩美、安之英、何轩雨4名韩国歌手共同唱响和平之歌《想象》。此时,由数百台无人机组成的五环旗在滑雪场上空缓缓升起,现场掌声雷鸣。

在热烈的气氛中,奥运五环旗在四名韩国运动员(棒球选手姜灿英、花滑选手申惠淑、短道速滑选手金润万、前短道速滑选手金贵真)和四名韩国体坛新秀(花滑选手柳英、自由式滑雪选手张儒珍、冰球选手李俊西、俯式冰橇选手郑胜其)的护卫下缓缓升起。

会场响起奥林匹克会歌,运动员、裁判宣誓。开幕式的最后一章——点燃圣火——即将上演。

曾在冬奥会上获得四块金牌的前短道速滑选手全利卿作为火炬手出现在会场,随后高尔夫运动员朴仁妃和足球运动员安贞焕接过火炬,并交给由韩国和朝鲜共同组成的女子冰球队的队员朴钟雅(韩国)和郑秀炫(朝鲜),两人联手将火炬交给了最终点火者金妍儿。

金妍儿在主火炬塔下的冰面上接过火炬,并点燃冰雪月亮缸,主火炬塔随之被点燃。接着是以"希望火焰"为主题的烟花燃放。体育场内火焰跳动,烟花绽开,为两个多小时的开幕式画上了圆满的句号。

2018年2月9日《NoCut新闻》

제 18 과 김연아 • 여자 아이스하키 남북 단일팀, 'ANOC 어워즈 2018' 수상

본문 原文

'피겨여왕' 김연아(28)와 여자 아이스하키 남북 단일팀이 28 일 일본 도쿄 프린스 호텔에서 열린 국가올림픽위원회연합(ANOC) 어워즈에서 나란히 상을 받았다.

김연아는 스포츠 분야에 크게 기여한 스포츠인에게 수여하는 '아웃스탠딩 퍼포먼스(Outstanding Performance)' 상을 받았고, 여자 아이스하키 남북 단일팀은 '스포츠를 통한 희망 고취(Inspiring Hope through Sport Award)' 상을 수상했다.

2010 년 밴쿠버 동계올림픽 피겨 스케이팅 여자 싱글 금메달, 2014 년 소치 동계올림픽 은메달을 수확하며 피겨 역사의 한 페이지를 장식한 김연아는 2018 평창 동계올림픽 홍보대사로 활동하며 올림픽 유치와 성공 개최에 큰 힘을 더했다.

김연아는 소속사인 올댓스포츠를 통해 "특별한 상을 받게 돼 영광이고, 피겨 스케이팅 선수들과 기쁨을 나누고 싶다. 올림피언이자 평창올림픽 홍보대사로서 올해 자국에서 열린 올림픽에 함께 하게 돼 특별한 한 해였다"고 소감을 밝혔다.
　여자 아이스하키 남북 단일팀은 평창올림픽에서 강국과 수준 차를 느끼며 5전 전패를 당했다. 하지만 남북 선수들이 하나로 뭉친 모습은 스포츠를 통한 평화 구현을 보여주며 전 세계에 감동을 안겼다.
　ANOC 총회 첫 날 열린 이날 시상식에서 이들 외에 스노보드 황제 숀화이트 (미국), 이탈리아 쇼트트랙 스타 아리아나 폰타나가 각각 평창올림픽 남녀 최고의 선수로 꼽혔다. 이를 비롯해 총 9개 부문에서 시상이 이뤄졌다.

2018년 11월 29일 〈동아일보〉

단어 单词

아이스하키[名词]冰球
어워즈[名词]大奖，奖项
수상[名词]获奖，得奖，领奖
피겨[名词]花样滑冰
피겨 스케이팅[名词]花样滑冰
여왕[名词]女王
분야[名词]领域，部门，方面
나란히[副词]整齐地，平行地
장식하다[他动词]装饰，打扮，书写
홍보대사[名词]宣传大使，形象大使，代言人
활동하다[自动词]活动，行动，活跃
유치[名词]申办，（资金、活动、会议等的）吸引
소속사[名词]隶属的单位，所属公司
전패[名词]（战斗、比赛）全败，皆输
당하다[自动词]抵得住，遭遇，遭受，遇到
뭉치다[自动词]凝聚，凝结，团结
시상식[名词]颁奖仪式，颁奖典礼
스노보드[名词]单板滑雪运动
황제[名词]皇帝
쇼트트랙[名词]短道速滑
스타[名词]明星，名将

어휘와 표현 词汇及表达

남북 단일팀 南北联合代表队
올림피언 奥林匹克运动员
국가올림픽위원회연합[专有名词]国家和地区奥委会协会，简称国际奥协（The

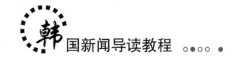

Association of National Olympic，ANOC）

프린스 호텔 太子酒店

'아웃스탠딩 퍼포먼스'상 杰出贡献奖（Outstanding Performance Award）

'스포츠를 통한 희망 고취'상 通过体育运动激发希望奖（Inspiring Hope through Sport Award）

밴쿠버 동계올림픽 温哥华冬奥会

소치 동계올림픽 索契冬奥会

올댓스포츠 金妍儿所属经纪公司（All That Sports）

숀 화이트[人名]肖恩·怀特（Shaun White），美国单板滑雪运动员

아리아나 폰타나[人名]阿莉安娜·方塔纳（Arianna Fontana），意大利女子短道速滑运动员

싱글 금메달 单人金牌

소감을 밝히다 发表想法、感想、获奖感言

차를 느끼다 感到差距

전패를 당하다 遭遇全败

문법 해석 및 문장 표현 语法解释及句型使用

1. -(이)자

连接语尾，"-이자"接在有收音的名词后面，"-자"接在没有收音的名词后面，表示同时具备两种特性。

例① "올림피언이자 평창올림픽 홍보대사로서 올해 자국에서 열린 올림픽에 함께 하게 돼 특별한 한 해였다"고 소감을 밝혔다.（제 18 과）

"作为奥林匹克运动员和平昌冬奥会宣传大使，今年对于我来说是特别的一年，因为我站在了我们国家举办的冬奥会舞台上"。

例② "'이선희 콘서트'가 대한민국 최고의 공연으로 인정 받는 이유이자, 매 공연마다 티켓 열기가 뜨거운 이유"라며 "이번에도 역시 이런 팬들의 성원에 보답하기 위해 투어 일정을 2019 년까지 이어가기로 결정했다"고 전했다.（제 19 과）

"这是'李仙姬演唱会'被公认为韩国最高水准演唱会的原因，也是每次演出一票难求、现场火爆的原因，为了回馈粉丝们的厚爱，本次演唱会日程决定安排到 2019 年。"

2. 에 감동을 안기다

句型，由助词"에"、词组"감동을 안기다"组合而成，接在名词或代词或名词性句型后面，表示"让……感动，感动……"的意思。

例 하지만 남북 선수들이 하나로 뭉친 모습은 스포츠를 통한 평화 구현을 보여주며 전 세계에 감동을 안겼다.（제 18 과）

但是南北选手共同组队，通过体育传递和平的愿望感动了全世界。

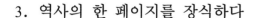

3. 역사의 한 페이지를 장식하다

句型，由词组"역사의 한 페이지"、助词"를"、动词"장식하다"组合而成，表示"书写历史性的一页"的意思。

例 2010년 밴쿠버 동계올림픽 피겨 스케이팅 여자 싱글 금메달, 2014년 소치 동계올림픽 은메달을 수확하며 피겨 역사의 한 페이지를 장식했다. (제 18 과)

金妍儿在 2010 年温哥华冬奥会上获女子花样滑冰金牌，2014 年索契冬奥会上获女子花样滑冰银牌，在花滑历史上写下了不朽的一页。

4. 에 기여하다

句型，由助词"에"、动词"기여하다"组合而成，接在名词或代词或名词性句型后面，表示"为……做贡献"的意思；也可以由助词"에"、动词"기여하다"的活用形式"기여한"组成"에 기여한"的句型出现，修饰后面的名词。

例① <농촌진흥청 기술지원과장>"신품종 과일에 대한 전문가 평가를 통해서 시장이 원하는 상품을 생산자가 만들어 낼 수 있게끔 지원하고 결국은 농업인들의 소득 증대에 기여하고자…" (제 15 과)

（农村振兴厅技术支援部科长：）"厂家根据专家对新品种水果的评估，研发生产出市场需求的新产品，对此我们给予鼓励和支持，最终还是为提高农民的收入做贡献……"

例② 구찌, 샤넬, 펜디 등 해외 명품 브랜드들이 젊은 층 공략에 나선 것도 명품 판매에 기여한 것으로 보인다. (제 16 과)

可以看出，古驰、香奈儿、芬迪等国际奢侈品牌瞄准年轻消费群体的做法实则是为提升奢侈品销量而采取的策略。

例③ 김연아는 스포츠 분야에 크게 기여한 스포츠인에게 수여하는 '아웃스탠딩 퍼포먼스(Outstanding Performance)' 상을 받았고, 여자 아이스하키 남북 단일팀은 '스포츠를 통한 희망 고취(Inspiring Hope through Sport Award)' 상을 수상했다. (제 18 과)

金妍儿凭借在体育界所做出的贡献被授予"杰出贡献奖"，女子冰球南北联合代表队被授予"通过体育运动激发希望奖"。

5. 에 큰 힘을 더하다

句型，由助词"에"、词组"큰 힘을 더하다"组合而成，表示"为……立下功劳"。

例 김연아는 2018 평창 동계올림픽 홍보대사로 활동하며 올림픽 유치와 성공 개최에 큰 힘을 더했다. (제 18 과)

金妍儿作为平昌冬奥会的宣传大使，帮助韩国平昌 2018 年申奥成功，并为冬奥会的顺利举办立下功劳。

연습 문제 练习题

1. 다음 내용 중 본문 내용과 같은 것을 고르십시오. (　　)
请选出下面内容中与本文内容相同的选项。
1) 김연아는 평창 동계올림픽에서 '아웃스탠딩 퍼포먼스'상을 받았다.
2) 여자 아이스하키 남북 단일팀은 평창 동계올림픽에서 5전 전부다 졌다.
3) 김연아는 평창동계올림픽에서 피겨 스케이팅 여자 싱글 금메달 받았다.
4) 이탈리아 쇼트트랙 스타 아리아나 폰타나가 평창 동계올림픽 최고의 여선수 상을 받았다.

2. 본문 내용을 읽고 다음 질문에 답해 보십시오.
阅读本课内容后请回答以下问题。
1) 김연아가 왜 한국 피겨 역사의 한 페이지를 장식했다고 합니까?

2) 2018년 국가올림픽위원회연합(ANOC) 어워즈에 대해 이야기해 보십시오.

번역문 译文

第18课　2018 ANOC会员大会，金妍儿与女子冰球南北联合代表队纷纷获奖

2018年11月28日，在日本东京太子酒店召开的国家和地区奥委会协会（国际奥协）颁奖大会上，"花滑女王"金妍儿和女子冰球南北联合代表队并肩走向领奖台，金妍儿凭借在体育界所做出的贡献被授予"杰出贡献奖"，女子冰球南北联合代表队被授予"通过体育运动激发希望奖"。

金妍儿在2010年温哥华冬奥会上获女子花样滑冰金牌，2014年索契冬奥会上获女子花样滑冰银牌，在花滑历史上写下了不朽的一页。之后，金妍儿作为平昌冬奥会的宣传大使，帮助韩国平昌2018年申奥成功，并为冬奥会的顺利举办立下功劳。

金妍儿通过所属经纪公司All That Sports发表了获奖感言，她表示："很荣幸获得如此特别的奖项，我想和花样滑冰的其他选手一起分享这份荣耀。今年是不寻常的一年，作为奥林匹克运动员和平昌冬奥会宣传大使，今年对于我来说是特别的一年，因为我站在了我们国家举办的冬奥会舞台上。"

女子冰球南北联合代表队在平昌冬奥会上与强队交锋，遭遇五连败，但是南北选手共同组队，通过体育传递和平的愿望感动了全世界。

9 단원 스포츠

　　在本届国际奥协联合大会首日颁奖仪式上，共颁发了最佳男子运动员和最佳女子运动员等九个奖项。美国单板滑雪运动员肖恩·怀特、意大利女子短道速滑运动员阿莉安娜·方塔纳，分获平昌冬奥会最佳男子运动员和最佳女子运动员称号。

2018 年 11 月 29 日《东亚日报》

10단원 피플

十单元　人物

제 19 과 "대한민국 유일무이 '가요계 여제'의 명불허전 행보!"

📖 본문 原文

　　가수 이선희가 '2018 멜론뮤직어워드'에서 '스테이지 오브 더 이어(Stage of the Year)' 수상자로 선정되며, 명실상부 '가요계 여제'의 명성을 재확인했다.
　　'멜론뮤직어워드'는 국내 최대 음악 사이트 멜론(melon) 이용 데이터와 팬들의 투표를 통해 1년간 많은 사랑을 받아온 아티스트와 곡을 선정하는, 공신력을 인정받고 있는 행사. 이 중 '스테이지 오브 더 이어'는 흥행 기록과 티켓 파워는 물론, 한국 대중음악에 콘서트로 올 한 해 의미 있는 영향력을 행사한 아티스트와 공연 작품에 수여되는 상이다.
　　현재 '2018 이선희 콘서트 클라이맥스(Climax)'를 진행하며 또다시 대한민국을 '여제 이선희의 감동' 속에 빠뜨리고 있는 가수 이선희는 지난 1일 서울 고척 스카이돔에서 진행된 '2018 멜론뮤직어워드'에서 2018년 최고의 콘서트를 펼친 아티스트로 선정됐다. 방탄소년단, 워너원, 아이콘 등 젊은 가수들의 수상이 이어지는 가운데, '가요계의 전설' 이선희의 수상 소식이 전해지면서 현장의 환호성을 자아냈다.

지난 1일 일산 킨텍스에서 열린 '2018 이선희 콘서트 클라이맥스(Climax)'로 인해 현장에 참석하지 못했던 이선희는 아쉬움과 수상에 대한 기쁨을 영상을 통해 대신 전했다. 이선희는 "이렇게 뜻 깊은 상을 주셔서 정말 감사드립니다. 제가 시상식에 함께 했었어야 했는데 지금 콘서트 중이라 참석하지 못했습니다"라며 "이 상은 '2018 이선희 콘서트 Climax' 공연을 최고의 콘서트로 만들기 위해서 늘 함께 해주고 있는 우리 연주자들과 공연 스태프, 그리고 전국 투어 매 공연을 찾아와주시는 관객 여러분들과 함께 받는 의미 있는 상이라고 생각합니다"라고 소감을 밝혔다. 이어 "저는 앞으로도 계속 노래하는 이선희로 살겠습니다. 응원해주신 모든 분들께 감사드립니다"라고 덧붙여 감동을 배가시켰다.

이로 인해 대한민국 콘서트 역사를 매번 새롭게 경신하고 있는 이선희의 행보에 귀추가 주목되고 있다. 이선희는 2011년 오월의 햇살 콘서트, 2014년 30주년 콘서트, 2016 The Great Concert 이선희, 2018 이선희 콘서트 클라이맥스(Climax) 서울 공연까지, 총 4회 연속 전석 매진과 함께 최다 유료 관객 동원 등 신화를 탄생시키며, 대한민국 어떤 가수도 해내지 못했던 공연 기록을 만들어내고 있는

터. 더욱이 '2014 티켓파크-골든 티켓 어워즈'에 이어 '2018 멜론어워즈-스테이지 오브 더 이어'까지 수상, 공연부문 2 관왕을 거머쥐며 유일무이한 위엄을 입증하고 있다.

이미 서울과 고양에서의 공연을 끝낸 '2018 이선희 콘서트 클라이맥스(Climax)' 역시 현재 예매 진행률 추이를 볼 때 전국 8 개 도시 5 만 관객 동원이 예상되고 있는 상황. 전국 투어가 마무리 될 즈음 총 9 만여 관객이 동원될 것으로 점쳐지는 만큼 '가요계 여제' 이선희가 만들어낼 또 한 번의 레전드급 기록 탄생에 초미의 관심이 집중되고 있다.

이선희 소속사 측은 "이선희는 콘서트 장을 찾은 팬들에게 정말 좋은 웰메이드 공연을 선사하기 위해, 영상이나 음향 등에 아낌없이 최고의 투자를 하고 있다. '이선희 콘서트'가 대한민국 최고의 공연으로 인증 받는 이유이자, 매 공연마다 티켓 열기가 뜨거운 이유"라며 "이번에도 역시 이런 팬들의 성원에 보답하기 위해 투어 일정을 2019 년까지 이어가기로 결정했다"고 전했다.

한편 '2018 이선희 콘서트 클라이맥스(Climax)'는 오는 15, 16 일 청주, 29 일 광주에 이어 2019 년 1 월부터 4 월까지 울산, 부산, 천안, 진주, 원주 등 전국 각지에서 펼쳐진다.

2018 년 12 월 3 일 〈조선일보〉

단어 单词

유일무이[名词]独一无二
여제[名词]女帝，女王
명불허전[名词]名不虚传
행보[名词]步子，步伐，（向着目标）努力，前进
수상자[名词]获奖者
선정되다[自动词]被选定
선정하다[他动词]选定
명실상부[名词]名副其实
명성[名词]名声，名望
아티스트[名词]艺术家
공신력[名词]公信力，可信度，信用度
흥행[名词]票房，上映，卖座
대중음악[名词]通俗音乐，大众音乐
행사하다[自动词]行使
수여되다[自动词]被授予，被颁发
클라이맥스[名词]顶点，高峰，最高点
빠뜨리다[他动词]使……沉入，使……陷入

전하다[他动词]传达，传递，流传，转交，转给
전해지다[自动词]传到，传入，传来
자아내다[他动词]勾起，激起，引起
늘[副词]经常，常常，时常
공연[名词]演出
스태프[名词]编导人员，制作人员
투어[名词]旅游，观光，巡演，巡赛
덧붙이다[他动词]附加，补充，添加
배가시키다[使动词]使加倍
탄생시키다[使动词]使诞生
경신하다[他动词]更新，刷新，改写，打破（记录）
귀추[名词]结局，趋向，所向，发展
주목되다[自动词]受关注，被关注
햇살[名词]太阳光线
더욱이[副词]更加
거머쥐다[他动词] 一把揪住，抓住
위엄[名词]威严
입증하다[他动词]举证，证明
즈음[冠形词]时，际，时间，时候
추이[名词]变迁，演变，发展，变化
동원되다[自动词]调动，动用，动员
점치다[他动词]算命，预测，预计
점쳐지다[自动词]算命，预测，预计
초미[名词]火烧眉毛，紧迫，燃眉，十万火急
선사하다[他动词]献给，馈赠
성원[名词]鼓励，鼓舞，激励

어휘와 표현 词汇及表达

티켓 파워 票房号召力
영향력을 행사하다 发挥影响，施加影响
전석 매진 门票全部售罄
최다유료 관객 동원 最多观看人数
티켓파크 韩国售票网站
골든 티켓 어워즈 金色门票大奖
2 관왕 2 连冠
웰메이드 制作精良（的产品）
레전드급 传奇级别

신화를 탄생시키다　诞生神话
초미의 관심　高度关注
이선희 [人名] 李仙姬，1964 年出生于忠清南道保宁市，韩国歌手、制作人
멜론뮤직어워드　甜瓜音乐奖（Melon Music Awards）
스테이지 오브 더 이어　年度舞台奖（Stage of the Year）
고척 스카이돔　高尺巨蛋体育馆
방탄소년단　防弹少年（Bangtan Boys，BTS），韩国男子演唱组合名称
워너원　韩国男子演唱组合名称（Wanna One）
아이콘　韩国男子演唱组合名称（iKON）
가요계의 전설　歌谣界传奇
킨텍스　韩国国际展览中心，位于高阳市

문법 해석 및 문장 표현 语法解释及句型使用

1. 은/는 물론

句型，由助词"은/는"、名词"물론"组合而成。"은 물론"接在有收音的名词后面，"는 물론"接在没有收音的名词后面，表示前面的内容怎样，后面的内容也如此，类似汉语的"不仅……还……"。

例　이 중 '스테이지 오브 더 이어'는 흥행 기록과 티켓 파워<u>는 물론</u>, 한국 대중음악에 콘서트로 올 한 해 의미 있는 영향력을 행사한 아티스트와 공연 작품에 수여되는 상이다.（제 19 과）

其中，"年度舞台奖"不仅要统计音乐人和演出作品的票房纪录和票房号召力，还要综合其一年内所举办的演唱会在韩国流行音乐界的影响力。

2. –는 터

句型，由语尾"–는"、依存名词"터"组合而成，接在动词词干或"있다""없다"词干后面，表示处境、情况。

例　이선희는 2011 년 오월의 햇살 콘서트, 2014 년 30 주년 콘서트, 2016 The Great Concert 이선희, 2018 이선희 콘서트 클라이맥스(Climax)서울 공연까지, 총 4회 연속 전석 매진과 함께 최다 유료 관객 동원 등 신화를 탄생시키며, 대한민국 어떤 가수도 해내지 못했던 공연 기록을 만들어내고 있<u>는 터</u>.（제 19 과）

2011 年"五月阳光演唱会"，2014 年"出道 30 周年纪念演唱会"，2016 年"李仙姬大型演唱会"，2018 年"李仙姬登峰演唱会首尔站"，连续四次所有门票售罄，并创下最多观看人数的新纪录，这是韩国其他任何一位歌手都无法超越的演唱纪录。

☞ 李仙姬的演唱纪录是韩国其他任何歌手都无法超越的。

3. (으)로 인해

句型，由助词"(으)로"、动词"인하다"的活用形式"인해"组成。"으로 인해"接在有收音（除收音"ㄹ"）的名词后面，"로 인해"接在没有收音的名词或以收音"ㄹ"结尾的名词或代词后面，表示原因或理由。

例① 지난 1일 일산 킨텍스에서 열린 '2018 이선희 콘서트 클라이맥스(Climax)'로 인해 현장에 참석하지 못했던 이선희는 아쉬움과 수상에 대한 기쁨을 영상을 통해 대신 전했다. (제 19 과)

1日当天，由于"2018李仙姬登峰演唱会"在高阳国际会展中心举行而未能出席颁奖典礼的李仙姬通过视频向现场观众表达了歉意和获奖后愉悦的心情。

例② 이로 인해 대한민국 콘서트 역사를 매번 새롭게 경신하고 있는 이선희의 행보에 귀추가 주목되고 있다. (제 19 과)

李仙姬个人演唱会每次都会改写韩国演唱会历史,因此此次演唱会的结局备受外界关注。

4. -기로 하다/결정하다

句型，由语尾"-기"、助词"로"、动词"하다/결정하다"组合而成，放在动词词干后，表示决定做某事。

例 이선희 소속사 측은 "이번에도 역시 이런 팬들의 성원에 보답하기 위해 투어 일정을 2019년까지 이어가기로 결정했다"고 전했다. (제 19 과)

李仙姬所属经纪公司表示："为了回馈粉丝们的厚爱，本次演唱会日程决定安排到2019年。"

5. -았었/었었/였었-

语尾，"-았었-"接在末音节元音为"ㅏ、ㅗ"的动词或形容词词干后面，"-었었-"接在末音节元音不是"ㅏ、ㅗ"的动词或形容词词干后面，"-였었-"接在"하다"之后，主要以缩略形式"했었-"出现，表示过去的某一种情况没有继续，而是出现了其他的情况。"-았었/었었/였었-"和语尾"-았/었/였-"不同，"-았/었/였-"通常只是表示时间或行为发生在过去，或是事件或行为结束后其状态仍在持续。

例① 제가 시상식에 함께 했었어야 했는데 지금 콘서트 중이라 참석하지 못했습니다. (제 19 과)

本应该到现场来参加颁奖典礼，但是因为在开演唱会所以没能赶过去。

☛ 表示那时应该去参加，但是没有去参加。

例② 파리예술의 중심부인 만큼, 당연히 루브르 박물관은 고전주의풍의 건축물일거라 생각했었는데 도착해보니 사방이 투명하게 빛나는 유리 피라미드 아니겠습니까. （제 20 과）

作为巴黎艺术的中心,我想象的卢浮宫博物馆一定是一座充满古典主义色彩的建筑物,可是到那儿看到的却是一座四周透明发光的玻璃金字塔！

☞ 表示说话者想象卢浮宫前面的建筑物应该是充满古典主义色彩的,实际不是这样。

6. 대신

名词,代替,而是;副词,供替,代为。

例① 대신 잠들기 30 분 전에는 운동을 반드시 끝내야 하며 강도 높은 운동은 되도록 낮 시간에 하는 것이 필요하다. (제 8 과)
而是应该在睡前 30 分钟前结束运动,高强度运动尽可能放在白天。

例② 대신 엄청난 탄성 에너지를 이용해서 상대방을 튕겨내거나 혹은 자신이 튕겨 나간다. (제 11 과)
而是通过特别强大的弹力给敌人致命的打击或者弹跳逃离。

例③ 현장에 참석하지 못했던 이선희는 아쉬움과 수상에 대한 기쁨을 영상을 통해 대신 전했다. (제 19 과)
未能出席颁奖典礼的李仙姬通过视频向现场观众表达了歉意和获奖后愉悦的心情。

7. 초미의 관심이 집중되고 있다

句型,由词组"초미의 관심"、助词"이"、动词词干"집중되(다)"、助词"고"、动词"있다"组合而成,现在进行时,表示"人们对此高度关注"的意思。

例 전국 투어가 마무리 될 즈음 총 9 만여 관객이 동원될 것으로 점쳐지는 만큼 '가요계 여제' 이선희가 만들어낼 또 한 번의 레전드급 기록 탄생에 초미의 관심이 집중되고 있다. (제 19 과)
全国巡回演出接近尾声的时候,预计观看人数会达到 9 万余人次。因此,人们对"歌谣界女王"李仙姬再次创造票房传奇给予高度关注。

연습 문제 练习题

1. 다음 내용 중 본문 내용과 같은 것을 고르십시오. (　　)
请选出下面内容中与本文内容相同的选项。

1) '2018 멜론뮤직어워드'와 '2018 이선희 콘서트 클라이맥스' 일산 콘서트는 같은 날에 진행했다.

2) 이선희는 '2014 년 The Great Concert'를 진행했다.

3) '2018 이선희 콘서트 클라이맥스 (Climax)' 공연도 최다 유료 관객 동원을 기록했다.

4) '2018 이선희 콘서트 클라이맥스 (Climax)' 공연은 12 월말까지 진행할 예정이다.

2. 본문 내용을 읽고 다음 질문에 답해 보십시오.
阅读本课内容后请回答以下问题。

1) 전석 매진과 함께 최다 유료 관객 동원된 2018 이선희 콘서트에 대해 이야

기해 보십시오.

2) 이선희는 '2018 멜론뮤직어워드'에서 '스테이지 오브 더 이어'상을 받고 밝힌 소감에 대해 이야기해 보십시오.

번역문 译文

第19课 她是韩国独一无二的"歌谣界女王"

"2018甜瓜音乐奖"颁奖晚会上,歌手李仙姬被授予"年度舞台奖",奠定了其"歌谣界女王"的地位。

"甜瓜音乐奖"是韩国公认的音乐奖,通过国内最大的音乐网站——"甜瓜网"的音乐销售量和粉丝的网上投票数来决定年度艺术家奖名单、音乐榜单等。其中,"年度舞台奖"不仅要统计音乐人和演出作品的票房纪录和票房号召力,还要综合其一年内所举办的演唱会在韩国流行音乐界的影响力。

"2018 李仙姬登峰演唱会"正在进行,在全国歌迷再次沉浸在听觉盛宴之际,12月1日在首尔高尺巨蛋体育馆举行的"2018 甜瓜音乐奖"颁奖晚会上,李仙姬当选为2018年度最佳音乐会艺术家。晚会现场,"防弹少年"BTS、韩国限定男子演唱组合Wanna One,以及iKON等年轻歌手纷纷获奖。"歌谣界传奇"李仙姬获奖的消息一公布,现场一片欢呼声。

1日当天,由于"2018 李仙姬登峰演唱会"在高阳国际会展中心举行而未能出席颁奖典礼的李仙姬通过视频向现场观众表达了歉意和获奖后愉悦的心情,她说:"非常感激授予我如此意义深远的奖项,本应该到现场来参加颁奖典礼,但是因为在开演唱会,所以没能赶过去。今天之所以能拿到这个奖,离不开为'2018 李仙姬登峰演唱会'的顺利进行而辛勤工作的乐队、工作人员,以及全国各地来观看巡回演出的所有听众朋友的支持,这个奖因你们而意义重大。"最后她由衷表示:"我会努力做一位大家心目中的'李仙姬',以此来回报大家的厚爱与支持。"

李仙姬个人演唱会每次都会改写韩国演唱会历史,因此此次演唱会的结局备受外界关注。2011年"五月阳光演唱会",2014年"出道30周年纪念演唱会",2016年"李仙姬大型演唱会",2018年"李仙姬登峰演唱会首尔站",连续四次所有门票售罄,并创下最多观看人数新纪录,这是韩国其他任何歌手都无法超越的演唱纪录。特别是李仙姬在TICKET PARK网站上获得"2014金色门票大奖"后,在"2018甜瓜音乐奖"颁奖典礼上又斩获"年度舞台奖",成为演唱会历史上唯一一位双冠王,再次证明了李仙姬殿堂级实力歌手的地位。

"2018 李仙姬登峰演唱会"刚刚结束首尔站和高阳站的演出，从目前售票情况分析，全国 8 个城市的巡回演出预计会有 5 万观众前来观看，全国巡回演出接近尾声的时候预计观看人数会达到 9 万余人次，因此人们对"歌谣界女王"李仙姬再次创造票房传奇给予高度关注。

李仙姬所属经纪公司表示："为了能让李仙姬粉丝们看到一台高水准的演唱会，无论是舞美设计还是音响设备，我们不遗余力地给予最大的投入。这是'李仙姬演唱会'被公认为韩国最高水准演唱会的原因，也是每次演出一票难求、现场火爆的原因。为了回馈粉丝们的厚爱，本次演唱会日程决定安排到 2019 年。"

另外，"2018 李仙姬登峰演唱会" 12 月 15 日、16 日在清州演出；29 日光州演出结束后，2019 年 1 月到 4 月期间还将在蔚山、釜山、天安、晋州、原州等城市进行巡回演出。

2018 年 12 月 3 日《朝鲜日报》

제 20 과 루브르 피라미드 박물관의 주인공,
<이오 밍 페이 (I.M.Pei) >

📄 본문 原文

 혹시 프랑스의 루브르 박물관을 가본 분이 계신가요? 처음 루브르 박물관을 방문했을 때 정문에 설치되어 있는 유리 피라미드를 발견했을 때 저는 무척 당혹스러웠답니다. 파리예술의 중심부인 만큼, 당연히 루브르 박물관은 고전주의풍의 건축물일거라 생각했었는데 도착해보니 사방이 투명하게 빛나는 유리 피라미드 아니겠습니까. 맞은편의 고풍스러운 건축물과는 너무나 이질적으로 대비되는 유리건물의 질감에 한참이나 그 앞에서 넋을 놓고 바라봤던 것이 생각나네요. 그러나 더욱 놀라웠던 건, 서양예술의 심장부인 이 루브르 박물관의 건축디자이너가 바로 중국 출신 이오 밍 페이(贝聿铭)라는 것이었습니다.

 사실 엄밀히 말하면 이오 밍 페이는 본토 중국인은 아닙니다. 중국계 미국인, 즉 화교이죠. 그러나 그는 1917 년 광저우에서 태어났고 어린 시절을 쑤저우에서 보냈으며 상하이에서 고등학교를 다닌 후 미국으로 건너갔습니다. 그의 유년 시절은 모두 중국에서 보낸 셈이지요. 그리고 그는 1935 년 미국으로 건너가 매사추세츠공대(MIT)와 하버드대(Harvard University)에서 건축을 공부하며 새로운 세계에 눈을 뜨게 됩니다. 그리고 졸업할 무렵에는 우수한 성적으로 졸업하며 미국 건축가협회에서 수상까지 하게 됩니다. 중국 출신 디자이너로서는 이례적인 행보였지요.

그리고 그의 재능을 눈여겨본 뉴욕이 부동산 재벌 윌리엄 시겐도르프는 미국의 중요한 건축은 미국인에게 맡겨야 한다는 미국 건축계의 관례를 깨고 이오 밍 페이에게 회사에서 짓는 모든 상업, 주택 건축 디자인을 그에게 맡깁니다. 그리고 무려 12년동안 이오 밍 페이는 이 회사의 모든 건축을 도맡아서 짓게 됩니다. 차츰 능력을 인정받게 된 이오 밍 페이는 그의 모교인 매사추세츠공대(MIT)의 과학빌딩까지 설계하게 되었고 뉴욕대학의 주택빌딩 역시 프로젝트를 맡게 됩니다.

1960년에 이오 밍 페이는 직접 자신의 건축회사를 설립하고 더 굵직한 프로젝트를 수주하게 되는데요, 고(故) 존 F 케네디 대통령을 기리기 위한 존 F 케네디 도서관까지 맡게 되며 미국정부까지 그의 역량을 인정받게 됩니다. 이 건축은 미국 건축계에 센세이션을 일으키며 미국 건축사 상 최고의 걸작 중 하나로 평가받고 있습니다. 지금 봐도 디자인이 매우 혁명적이고 대담하지요.

그리고 마침내 1979년, 중국이 개혁개방에 첫발을 내딛으며 드디어 모국에서도 이오 밍 페이를 찾게 됩니다. 중국정부는 그에게 샹산호텔의 디자인을 맡기게 되는데요, 그는 "민족적인 것일수록 세계적인 것"이라는 생각으로 베이징, 난징, 쑤저우 등의 중국 각지를 돌며 중국 전통의 영감과 소재를 찾습니다. 결국 그는 동양건축의 정수는 불규칙성에서 드러나는 것이라 생각하고 이런 요소를 샹산호텔에 적극 차용하게 됩니다. 이는 훗날에도 '중국건축예술의 정수'라고 불리게 되지요.

말년에 이오 밍 페이는 우리가 잘 알고 있는 루브르 유리 피라미드, 그리고 쑤저우 박물관, 이슬람 예술박물관 등을 건축하며 중국을 넘어 세계문화에까지 관심을 뻗어나가게 됩니다. 특히 쑤저우 박물관은 전통적인 쑤저우 건축 양식을 결합하여 박물관과 주변의 자연환경을 결합시키며 중국전통과 현대건축을 절묘하게 융합합니다.

쑤저우 전통 정자의 건축양식과 자연소재를 적절하게 살리면서 현대적, 기하학적으로 마무리한 모양새가 무척 흥미롭습니다.

이슬람 예술박물관 역시 이슬람 문화에 대한 심도있는 이해를 바탕으로 진행되었습니다. 그는 이집트와 중동 등을 방문하며 이슬람문화의 특징을 살펴보고 기하학적 도형을 적극적으로 차용하여 박물관을 설계합니다. 특히 실내 천장에서 보이는 이슬람 문양은 보기만 해도 황홀합니다.

이처럼 이오 밍 페이의 인생과 함께 건축을 살펴보면 그의 건축관의 변화를 흥미롭게 살펴볼 수 있습니다. 초창기 이오 밍 페이는 서양 모더니즘 건축가, 미스 반데로어의 영향권 내에 있습니다. 유리와 콘크리트, 그리고 기하학 구조를 적극적으로 사용하는 것이 그것이지요. 어쩌면 이오 밍 페이가 건축을 공부하던 시절, 미국 건축계의 전반적인 분위기를 미스 반데로어가 장악했기에 당연한 일일지도 모르겠습니다.

  그러나 이오 밍 페이는 독자적인 스튜디오를 설립하는 과정에서 미스반데로어의 영향에서 벗어나 스스로 독자적인 양식을 설립합니다. 이오 밍 페이는 보다 대담하고 자유롭게 기하학 곡선들을 사용하고 유리가 갖고 있는 '빛'의 속성을 적극적으로 활용합니다. 건축 실내에서 광활하게 쏟아져 내리는 자연의 빛은 그가 유리를 단순히 소재로서 사용한 것이 아닌, 자연환경과 건축의 조화를 꾀하고자 한 의도라고 볼 수 있겠지요.

  그리고 중국 개방과 함께 중국을 수차례 방문하며 스스로의 문화적 정체성을 탐색합니다. 그는 중국 전통건축의 핵심을 자연이라 보고 자연(안뜰)과 건축을 융합시키며 서양인 건축가들과는 다른 행보를 보입니다.

  이후 그는 중국뿐 아니라 이슬람, 이집트 등의 세계문명을 탐색하며 세계역사가 빚어낸 찬란한 문명을 그를 건축에 녹여내게 되지요. 바로 이 과정에 우리가 잘 알고 있는 유리 피라미드가 탄생한 것이지요. 즉, 거창하게 해석하자면 유리 피라미드는 '중국'출신 건축가가 '이집트' 문명과 '서양' 현대건축의 방식으로 녹여낸 세계 3대 문명을 집대성한 결과물이라고 볼 수 있습니다.

  어떤가요? 루브르 박물관의 유리 피라미드가 이제는 조금 다르게 보이시나요?

  비록 이오 밍 페이는 중국국적을 갖고 있지 않지만 디자인에 다분히 중국문화의 성향을 띠고 있으며, 또 나아가 이제는 세계문명까지 아울렀습니다. 참고로 이오 밍 페이는 건축역사에 남을 위대한 건축가임에도 불구하고 그 흔한 자서전 한 권이 없지요. 그는 자신의 디자인을 변호하기 위해 작품 해석을 스스로 집필할 필요가 없고, 건물 자체가 자신이 할 수 있는 최고의 선언이라고 생각합니다. 만약 루브르 박물관의 유리 피라미드를 방문한다면 그 앞에서 이오 밍 페이의 명징한 선언을 들어보시길 바랍니다.

2018년 12월 14일 〈네이버뉴스〉

단어 单词

발견하다[他动词]发现，发觉
무척[副词]很，相当，非常，十分
당혹스럽다[形容词]困惑，为难
빛나다[自动词]闪烁，闪耀
맞은편[名词]对面，对过（儿）
고풍스럽다[形容词]古色古香，颇有古风
이질적[名词][冠形词]不同的，相异的
질감[名词]质感
넋[名词]灵魂
바라보다[他动词]凝视，注释，注视，观察

놀랍다[形容词]令人吃惊，出人意料，意想不到
심장부[名词]心脏部位，核心，要害，中枢
엄밀히[副词]严谨地，严密地
본토[名词]本地，大陆
화교[名词]华侨
건너가다[他动词]过去，穿过去，跨过去
무렵[依存名词]时候，时分
이례적[名词]例外，破例，超出常规
재벌[名词]财阀，富翁，财团
맡다[他动词]担负，担任，担当，承担，承包，寄存
도맡다[他动词]包办，承揽，承办，包揽
맡기다[他动词]托付，交给
차츰[副词]逐渐，渐渐地
떠오르다[自动词]浮上来，浮起，升上来
굵직하다[形容词]粗，很粗，粗大
수주하다[他动词]接受订货，接订单
센세이션[名词]兴奋，煽动，议论，轰动一时
기리다[他动词]称赞，称颂
걸작[名词]杰作，名作，名著
혁명적[名词][冠形词]革命的，革命性的
대담하다[形容词]胆大，大胆，勇敢
드디어[副词]终于，总算
영감[名词]灵感
소재[名词]素材，题材
정수[名词]精髓，精华
드러나다[自动词]露出，显出，显示
차용하다[他动词]借用
불리다[被动词]被叫去，点名（"부르다"的被动形式）
뻗다[他动词]张开，伸开，伸展
나다[自动词][他动词]生，长，出现
절묘하다[形容词]绝妙，妙不可言
융합하다[自动词][他动词]融合，结合
정자[名词]亭子
적절하다[形容词]适当，合适，恰当
기하학적[名词][冠形词]几何学的
마무리하다[他动词]收尾，结束，完成
모양새[名词]模样，形状，样子
흥미롭다[形容词]饶有兴趣，津津有味

심도[名词]深度
바탕[名词]（事物或现象）基础，根基，根本
살펴보다[他动词]仔细查看，仔细观察
천장[名词]吊顶，天花板
황홀하다[形容词]辉煌灿烂，晃眼，富丽堂皇
이처럼[副词]这样，如此
초창기[名词]初期，最初
콘크리트[名词]混凝土
어쩌면[副词]也许，可能
곡선[名词]曲线
광활하다[形容词]广阔，辽阔，宽广
쏟아져내리다[动词]飞泻
꾀하다[他动词]谋求，策划，设计
수차례[名词]数次，多次
정체성[名词]本质，特性
탐색하다[他动词]探索，探寻，打探
안뜰[名词]里院，内院
빚다[他动词]打，做
내다[辅助动词]以"-아/어 내다"的形式表示将某一动作进行到底，有了结果
빚어내다[他动词]打出，做出
찬란하다[形容词]灿烂，绚烂
녹다[自动词]溶化，融化
녹이다[使动词]使溶化，使融化（"녹다"的使动形式）
녹여내다[他动词]溶化出，融化出
즉[副词]即，就是，也就是
거창하다[形容词]宏伟，宏大，巨大，夸大
집대성하다[他动词]集成，集……之大成
다분히[副词]很大成分上，较多地，不少
띠다[他动词]带有，系，扎
아우르다[他动词]结合，联合，组合
불구하다[自动词]不顾，不管，尽管
참고[名词]参考，借鉴
자서전[名词]自传
변호하다[他动词]辩护
선언[名词]宣言，声明
명징하다[形容词]清澈，明亮
내딛다[他动词]卖出，踏出

어휘와 표현 词汇及表达

이오 밍 페이 [人名]贝聿铭（Ieoh Ming Pei），美籍华人建筑师
고전주의풍 古典主义风格，古典主义色彩
건축디자이너 建筑设计师
중국 출신 来自中国
유년 시절 幼年时代，童年时光
불규칙성 不规则性，无规律性
윌리엄 시겐도르프 [人名]威廉·柴根道夫，纽约房产巨商
루브르 박물관 卢浮宫博物馆
유리 피라미드 玻璃金字塔
매사추세츠공대 麻省理工学院（Massachusetts Institute of Technology，MIT）
하버드대 哈佛大学（Harvard University）
썅산호텔 香山宾馆
광저우 [地名]广州
쑤저우 [地名]苏州
상하이 [地名]上海
난징 [地名]南京
쑤저우 박물관 苏州博物馆
이슬람 예술박물관 伊斯兰艺术博物馆
모더니즘 건축가 现代主义建筑家
미스 반데로어 [人名]密斯·凡·德·罗（Ludwig Mies van der Rohe），德国建筑师
이슬람 문화 伊斯兰文化
넋을 놓고 出神
눈을 뜨다 领悟到，觉悟，认识到，懂得
관례를 깨다 打破惯例
센세이션을 일으키다 引起轰动
첫발을 내딛다 迈出第一步

문법 해석 및 문장 표현 语法解释及句型使用

1. (으)로서

助词，"으로서"接在有收音（除收音"ㄹ"）的名词后面，"로서"接在没有收音的名词或以收音"ㄹ"结尾的名词之后，表示地位、身份或资格，或表示处于某种立场或状况中。

例① 관광지로서의 잠재력을 발휘할 수 있는 계기를 마련할 것으로 관측된다. （제5과）

（海底隧道的建设）也将成为发挥舟山旅游城市潜力的一个契机。
☞ 舟山作为一个旅游城市。

例② "올림피언이자 평창올림픽 홍보대사로서 올해 자국에서 열린 올림픽에 함께 하게 돼 특별한 한 해였다"고 소감을 밝혔다.（제 18 과）
"作为奥运会运动员和平昌冬奥会宣传大使，今年对于我来说是特别的一年，因为我站在了我们国家举办的冬奥会舞台上。"

例③ 건축 실내에서 광활하게 쏟아져 내리는 자연의 빛은 그가 유리를 단순히 소재로서 사용한 것이 아닌, 자연환경과 건축의 조화를 꾀하고자 한 의도라고 볼 수 있겠지요.（제 20 과）
当自然光线从室外穿过透明的玻璃自然倾泻到室内时，我们可以领会到，玻璃不再是单纯的建筑材料，而是设计者想通过玻璃将自然环境与建筑融为一体的独特构思。
☞ 玻璃不再纯粹作为一种建筑材料。

例④ 중국 출신 디자이너로서는 이례적인 행보였지요.（제 20 과）
作为一名来自中国的设计师，这是难能可贵的一步。
☞ 로서는, 表示强调。

2．-게 되다

句型，由语尾 "-게"、动词 "되다" 组合而成，接在动词词干后，表示事情或状况与主语的意愿或期待不同，随他人的行为或外力影响而达到了某种程度。

例① 2018 년 연간 소비자물가상승률은 1.5%를 기록해 2012 년 이후 6 년간 연간 물가상승률이 1%대를 기록하게 됐다.（제 1 과）
2018 年居民消费价格指数涨幅为 1.5%，致使居民消费价格指数自 2012 年以后持续六年均维持在 1%的水平。

例② 대한민국이 세계 어느 나라보다도 앞서 5G 상용화가 가능한 여건을 마련하게 됐다.（제 2 과）
韩国已在全球率先拥有 5G 商用服务的设备条件。

例③ 이곳에서 달 뒷면의 토양과 광물 성분을 분석하고, 천문을 관측하는 등의 임무를 수행하게 된다.（제 6 과）
在那里将对月球背面的表面土壤、矿石成分进行分析，并进行天文观测等任务。

例④ 그는 1935 년 미국으로 건너가 매사추세츠공대(MIT)와 하버드대(Harvard University)에서 건축을 공부하며 새로운 세계에 눈을 뜨게 됩니다.（제 20 과）
1935 年他远赴美国，先后在麻省理工学院和哈佛大学学习建筑，并见识了这个全新的领域。

例⑤ 무려 12 년동안 이오 밍 페이는 이 회사의 모든 건축을 도맡아서 짓게 됩니다.（제 20 과）
在他们长达十二年的合作期间，贝聿铭承揽了该公司的所有建筑项目。

例⑥ 차츰 능력을 인정받게 된 이오 밍 페이 는 그의 모교인 매사추세츠공대(MIT)의과학빌딩까지 설계하게 되었고 뉴욕대학의 주택빌딩 역시 프로젝트를

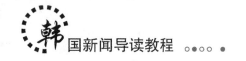

맡게 됩니다. (제 20 과)

在美国建筑界崭露头角的他为母校麻省理工学院（MIT）设计了科学大楼，还承担了纽约大学教职工住宅大楼的项目。

例⑦ 1960 년에 이오 밍 페이는 직접 자신의 건축회사를 설립하고 더 굵직한 프로젝트를 수주하게 되는데요. (제 20 과)

1960 年，贝聿铭成立了自己的建筑公司，接下了更大的订单。

例⑧ 마침내 1979 년, 중국이 개혁개방에 첫발을 내딛으며 드디어 모국에서도 이오 밍 페이를 찾게 됩니다. (제 20 과)

1979 年，中国迈出了改革开放的第一步，贝聿铭接到了来自祖国的邀请。

3．-기에

连接语尾，由语尾 "-기" 和助词 "에" 组合而成，接在动词词干后面，表示前句是后句的原因、理由或根据，主要用于书面语中，口语中常用 "-길래"。

例 어쩌면 이오 밍 페이가 건축을 공부하던 시절, 미국 건축계의 전반적인 분위기를 미스 반데로어가 장악했기에 당연한 일일지도 모르겠습니다. (제 20 과)

也许是贝聿铭学习建筑期间，密斯·凡·德·罗掌握美国建筑界的主流，所以早期作品中有密斯的影子也就不足为奇。

4．-라(고)

句型，由语尾 "-라" 和表示引用的 "고" 组合而成，接在 "이다""아니다" 的词干后，表示转述从别人那里听到的内容，或者表达句子主语的想法或意见等。"-라고" 可以省略掉表示引用的助词 "고"，变为 "-라"。

例① 그는 자신의 디자인을 변호하기 위해 작품 해석을 스스로 집필할 필요가 없고, 건물 자체가 자신이 할 수 있는 최고의 선언이라고 생각합니다. (제 20 과)

我想，他不需要撰写书籍为自己设计的作品辩护，建筑本身就是他本人对建筑理解的最高宣言。

例② 그는 중국 전통건축의 핵심을 자연이라 보고 자연(안뜰)과 건축을 융합시키며 서양인 건축가들과는 다른 행보를 보입니다. (제 20 과)

他认为，中国传统建筑的核心是自然，把自然（庭院）元素与现代建筑相融合，体现了他与其他西方建筑师的不同之处。

例③ 결국 그는 동양건축의 정수는 불규칙성에서 드러나는 것이라 생각하고 이런 요소를 샹산호텔에 적극 차용하게 됩니다. (제 20 과)

最后，他总结出，东方建筑的精髓体现在不规则中，并把这一要素成功地借用到香山饭店。

5．-아도/어도/여도

连接语尾。"-아도" 接在末音节元音为 "ㅏ、ㅓ" 的动词或形容词词干后面，

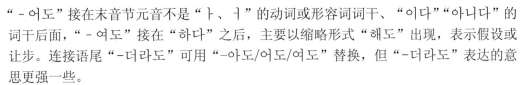

"-어도"接在末音节元音不是"ㅏ、ㅓ"的动词或形容词词干、"이다""아니다"的词干后面,"-여도"接在"하다"之后,主要以缩略形式"해도"出现,表示假设或让步。连接语尾"-더라도"可用"-아도/어도/여도"替换,但"-더라도"表达的意思更强一些。

　　例① 일본 약대를 졸업해도 한국의 약사 국가시험에 응시할 자격이 주어진다.（제 4 과）
　　从日本药学院毕业回来的学生具备参加韩国国内药剂师国家考试的资格。
　　　☞ 即使是拿到的日本学位也被韩国认可,并给予参加韩国国内药剂师国家考试的资格。
　　例② 실내 천장에서 보이는 이슬람 문양은 보기만 해도 황홀합니다.（제 20 과）
　　尤其室内天花板吊顶的设计,将伊斯兰文化的富丽堂皇尽收其中。
　　　☞ -기만,由语尾"-기"、助词"만"组合而成,接在动词词干后面,表示只做一个动作,即便看一眼也会为之震惊。

6．-자면

连接语尾,接在动词词干后,以预想的某一状况为条件进行陈述时使用。
　　例 즉, 거창하게 해석하자면 유리 피라미드는 '중국' 출신 건축가가 '이집트' 문명과 '서양' 현대건축의 방식으로 녹여낸 세계 3 대 문명을 집대성한 결과물이라고 볼 수 있습니다.（제 20 과）
　　也就是说,如果夸张一点解释,来自"中国"的建筑大师将"埃及"文明用"西方"现代建筑方式体现出来,这就是玻璃金字塔。玻璃金字塔是集世界三大文明为一体的大作。

7．-네요

"해요체"终结语尾,接在动词、形容词以及体词的谓词形后,陈述句,表示说话者对新获悉的事实发出感叹。
　　例 맞은편의 고풍스러운 건축물과는 너무나 이질적으로 대비되는 유리건물의 질감에 한참이나 그 앞에서 넋을 놓고 바라봤던 것이 생각나네요.（제 20 과）
　　与对面古色古香的建筑风格完全不同。面对这个充满玻璃质感的建筑物,我记得自己出神地看了半天。

8．-는가요, -(으)ㄴ가요

"해요체"终结语尾,表示一般性的疑问。"-는가요"接在动词词干或"있다""없다""계시다"之后,表示现在时。"-은가요"接在有收音的动词词干之后,表示过去时;接在有收音的形容词词干之后,表示现在的状态。"-ㄴ가요"接在没有收音的动词词干之后,表示过去时;接在没有收音的形容词词干之后,表示现在的状态。
　　例① 혹시 프랑스의 루브르 박물관을 가본 분이 계신가요?（제 20 과）

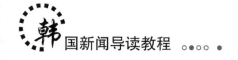

您是否去过法国卢浮宫博物馆?
例② 어떤가요? (제 20 과)
怎么样?

9. -나요

"해요체" 终结语尾, 接在动词、形容词以及体词的谓词形后, 表示疑问, 语气比较柔和, 多用于女性和小孩。

例 루브르 박물관의 유리 피라미드가 이제는 조금 다르게 보이시<u>나요</u>? (제 20 과)
现在是不是对卢浮宫的玻璃金字塔有了更深的了解?

10. -지요, -(이)지요

"해요체" 终结语尾, "-지요" 用在动词和形容词词干、语尾 "-았/었/였-" "-겠-"、没有收音的体词之后; "-이지요" 用在有收音的体词之后。既是陈述式, 也是疑问式, 带有肯定、确认的语气。用于疑问句时, 往往表示对所问的事实已经知道, 只等对方再次确认, 相当于汉语的 "吧"。

例① 유리와 콘크리트, 그리고 기하학 구조를 적극적으로 사용하는 것이 그것<u>이지요</u>. (제 20 과)
主要采用玻璃、混凝土和几何结构。
☞ 是玻璃、混凝土、几何结构这些东西吧。

例② 이후 그는 중국뿐 아니라 이슬람, 이집트 등의 세계문명을 탐색하며 세계역사가 빚어낸 찬란한 문명을 그를 건축에 녹여내게 되<u>지요</u>. (제 20 과)
之后, 除了中国他还走访伊斯兰、埃及等世界文明古国, 把世界历史留下的灿烂文化融入自己的建筑设计中。

11. -(으)ㄹ 무렵(에)

句型, 由语尾 "-(으)ㄹ"、依存名词 "무렵"、助词 "에" 组合而成, "-을 무렵(에)" 接在有收音(除了收音 "ㄹ")的动词词干后面, "-ㄹ 무렵(에)" 接在没有收音的动词干或以收音 "ㄹ" 结尾的动词词干后面, 意思相当于 "当……的时候"。时间名词后面可以直接加 "무렵"。

例 그리고 졸업할 <u>무렵</u>에는 우수한 성적으로 졸업하며 미국 건축가협회에서 수상까지 하게 됩니다. (제 20 과)
他不仅以优异成绩毕业, 而且获得了美国建筑师协会的奖项。

12. -는/ㄴ/은/ㄹ/을 셈

句型, 由语尾 "-는/ㄴ/은/ㄹ/을"、依存名词 "셈" 组合而成。"-는 셈" 接在动词词干和 "있다" "없다" 词干后面, "-은 셈" 接在有收音(除收音 "ㄹ")的动词或形容词词干后面, "-ㄴ 셈" 接在没有收音的动词或形容词词干、以收音 "ㄹ" 结尾的

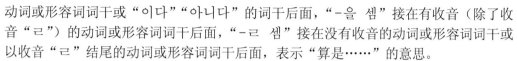

动词或形容词词干或"이다""아니다"的词干后面,"-을 셈"接在有收音(除了收音"ㄹ")的动词或形容词词干后面,"-ㄹ 셈"接在没有收音的动词或形容词词干或以收音"ㄹ"结尾的动词或形容词词干后面,表示"算是……"的意思。

例　그의 유년 시절은 모두 중국에서 보낸 셈이지요. （제 20 과）
他的童年时光算是在中国度过的。

13．-기 바라다

句型,由语尾"-기"、动词"바라다"组합而成,接在动词或形容词词干后,表示"希望……"的意思。

例　만약 루브르 박물관의 유리 피라미드를 방문한다면 그 앞에서 이오 밍 페이의 명징한 선언을 들어보시길 바랍니다. （제 20 과）
如果你去卢浮宫玻璃金字塔,希望你驻足倾听贝聿铭的内心独白。
☞ "들어보시길"是"들어보시기를"的缩略形式。

14．에도 불구하고

句型,由助词"에"、助词"도"、动词词干"불구하(다)"、语尾"고"组合而成,接在名词或名词性句型后,表示后面出现与前面的情况或状态不同的结果或事实。

例　참고로 이오 밍 페이는 건축역사에 남을 위대한 건축가임에도 불구하고 그 흔한 자서전 한 권이 없지요. （제 20 과）
值得一提的是,贝聿铭是建筑史上的大师,但他并没有留下自传。

연습 문제 练习题

1. 다음 내용 중 본문 내용과 같은 것을 고르십시오. (　　)
请选出下面内容中与本文内容相同的选项。
1) 이오 밍 페이는 소주에서 태어났고 유년 시절은 중국에서 보냈다.
2) 이오 밍 페이는 대학교를 졸업한 후 바로 자신의 건축회사를 설립했다.
3) 이오 밍 페이는 자신의 건축회사를 설립하고 바로 유리 피라미드를 설계했다.
4) 쑤저우 박물관과 이슬람 예술박물관 설계는 모두 그 나라의 문화에 대한 깊은 이해를 바탕으로 진행되었다.

2. 본문 내용을 읽고 다음 질문에 답해 보십시오.
阅读本课内容后请回答以下问题。
1) 초창기 이오 밍 페이는 어떤 건축가입니까?

2) 이오 밍 페이가 디자인한 건축물에 대해 이야기해 보십시오.

번역문 译文

第20课 卢浮宫博物馆玻璃金字塔的设计者——贝聿铭

您是否去过法国卢浮宫博物馆？我第一次站在卢浮宫博物馆正门前，看到那座玻璃金字塔时，内心无比困惑。作为巴黎艺术的万宝之宫，我想象的卢浮宫博物馆一定是一座充满古典主义色彩的建筑物，可是到那儿看到的却是一座四周透明发光的玻璃金字塔！与对面古色古香的建筑风格完全不同。面对这个充满玻璃质感的建筑物，我记得自己出神地看了半天。然而，更让人惊讶的是，设计这个西方艺术殿堂——卢浮宫博物馆玻璃金字塔的建筑大师来自中国，名叫贝聿铭。

严格讲，贝聿铭不是中国人，他是美籍华人。1917年出生于广州的他在苏州度过了一段童年时光，之后回到上海就读高中，他的童年时光算是在中国度过的。1935年他远赴美国，先后在麻省理工学院和哈佛大学学习建筑，并见识了这个全新的领域。他不仅以优异的成绩毕业，而且获得了美国建筑师协会的奖项。作为一名来自中国的设计师，这是难能可贵的一步。

欣赏他才华的纽约市房地产开发富商威廉·柴根道夫，打破美国主要建筑必须由美国人承担的建筑界惯例，将公司的所有商业及住宅群的设计都交给贝聿铭来负责。在他们长达十二年的合作期间，贝聿铭承揽了该公司的所有建筑项目。在美国建筑界崭露头角的他为母校麻省理工学院（MIT）设计了科学大楼，还承担了纽约大学教职工住宅大楼的项目。

1960年，贝聿铭成立了自己的建筑公司，接下了更大的订单，受邀负责建造纪念已故美国总统约翰·肯尼迪的约翰·肯尼迪图书馆。这一工程使他的影响力得到了美国政府的认可。图书馆的落成在美国建筑界引起轰动，成为美国建筑史上的杰作之一。图书馆的设计即使放到现在来审视，依旧是新颖大胆之作。

1979年，中国迈出了改革开放的第一步，贝聿铭接到了来自祖国的邀请。中国政府邀请贝聿铭设计香山饭店。他带着"越是民族的，越是世界的"想法，走访了北京、南京、苏州等地，寻找中国传统的灵感，搜集素材。最后，他总结出，东方建筑的精髓体现在不规则中，并把这一要素成功地借用到香山饭店。香山饭店直至今日都被认为是"中国建筑艺术的精髓"。

晚年的贝聿铭设计了我们熟知的卢浮宫玻璃金字塔、苏州博物馆、伊斯兰艺术博物馆等，他对建筑的热爱从中国文化延伸到了世界文化。特别是苏州博物馆的设计，结合了传统的苏州建筑风格。博物馆与周边自然环境相融合，将中国传统美学与现代建筑绝妙地连成一体。苏州传统亭子的建筑模式与自然题材巧妙结合，使落成的博物馆既现代又有几何学的美感，非常耐人寻味。

伊斯兰艺术博物馆的设计，也是在对伊斯兰文化深度理解的基础上进行的。他访问埃及和中东等国家，仔细观察伊斯兰文化的特点，大量借用几何图形，完成了博物馆的设计。尤其室内的天花板吊顶的设计，将伊斯兰文化的富丽堂皇尽收其中。

纵观贝聿铭的人生和他的建筑生涯，可以发现他建筑风格的变化。早期的贝聿铭作品有现代建筑师密斯·凡·德·罗的影子，主要采用玻璃、混凝土和几何结构。也许是贝聿铭学习建筑期间，密斯·凡·德·罗掌握美国建筑界的主流，所以早期作品中有密斯的影子也就不足为奇。

但是，自从贝聿铭成立了自己的工作室，他的设计就慢慢脱离了密斯·凡·德·罗的影子，形成自己独有的风格。贝聿铭更加大胆、自由地使用几何线条，充分使用玻璃所具备的"光"的特性。当自然光线从室外穿过透明的玻璃自然倾泻到室内时，我们可以领会到，玻璃不再是单纯的建筑材料，而是设计者通过玻璃将自然环境与建筑融为一体的独特构思。

中国改革开放以后，贝聿铭数次走访中国各地，寻找文化的根源。他认为，中国传统建筑的核心是自然，把自然（庭院）元素与现代建筑相融合，体现了他与其他西方建筑师的不同之处。

之后，除了中国他还走访伊斯兰、埃及等世界文明古国，把世界历史留下的灿烂文化融入自己的建筑设计中。在这个过程中，诞生了众所周知的玻璃金字塔。也就是说，如果夸张一点解释，来自"中国"的建筑大师将"埃及"文明用"西方"现代建筑方式体现出来，这就是玻璃金字塔。玻璃金字塔是集世界三大文明为一体的大作。

怎么样？现在是不是对卢浮宫的玻璃金字塔有了更深的了解？

虽然贝聿铭没有中国国籍，但他的设计多少带有中国文化的影子，他还进一步将世界文明的元素融入自己的设计中。值得一提的是，贝聿铭是建筑史上的大师，但他并没有留下自传。我想，他不需要撰写书籍为自己设计的作品辩护，建筑本身就是他本人对建筑理解的最高宣言。

如果你去卢浮宫玻璃金字塔，希望你驻足倾听贝聿铭的内心独白。

2018年12月14日《NAVER新闻》

어휘 색인

词汇索引

词汇	注解	课文序号
ㄱ		
가격대	[名词]价格范围，价位	16
가구업계	家具行业	10
가구원	家庭成员	13
가나다순	[名词]韩文字母顺序	17
가량	[依存名词]大约，上下，左右	10
가려지다	[自动词]被遮住，被挡住	6
가령	[副词]假如，比方说，如果说	13
가사도우미료	家政服务费	1
가산	[名词]相加，加上	13
가산금리	附加利率，利率差额	13
가요계의 전설	歌谣界的传奇	19
가운데	[名词]（某一地点）中间，（某一范围）当中，（做某事）期间	3
감사원	[名词]审计局	13
감안하다	[他动词]鉴于，考虑到，着眼于	4
강성문	[人名]姜成文，怡伦家具公司总经理	10
강점	[名词]长处，优点	10

어휘 색인

续表

词汇	注解	课文序号
갖다	[他动词]有，拿，怀着，拥有，保持	2
개성있다	有个性	16
거머쥐다	[他动词]一把揪住，抓住	19
거창하다	[形容词]宏伟，宏大，巨大，夸大	20
건너가다	[他动词]过去，穿过去，跨过去	20
건축디자이너	建筑设计师	20
걸작	[名词]杰作，名作，名著	20
겨냥하다	[他动词]瞄准，朝，向	16
견인하다	[他动词]牵引，拖拉，主导，带头	16
경각심	[名词]警惕心	2
경기	[名词]经济状况	16
경기둔화	经济增长放慢，经济停滞	1
경신하다	[他动词]更新，刷新，改写，打破（记录）	19
경유	[名词]轻油	1
경유하다	[他动词]经过，途经	5
경험 없이	毫无经验地	14
곁	[名词]旁边，身边	10
계기	[名词]契机，动因，转机	2
고공행진	居高不下，高空行进	16
고교	[名词]高级中学，高中	4
고속철용	高铁用	5
고전주의풍	古典主义风格，古典主义色彩	20
고정되다	[自动词]固定，稳定，（被）固定	3
고척 스카이돔	高尺巨蛋体育馆	19
고풍스럽다	[形容词]古色古香，颇有古风	20
고해상도	[名词]高分辨率，高清晰度	11
고혈당	[名词]高血糖	7
고혈압	[名词]高血压	7
곡선	[名词]曲线	20
골든 티켓 어워즈	金色门票大奖	19
공교육	[名词]公立教育，公费教育	14
공기업	[名词]国有企业	3

· 157 ·

续表

词汇	注解	课文序号
공동주택관리비	公共住宅物业费	1
공략에 나서다	展开攻略，进军	16
공생하다	[自动词]共生	11
공식적	[名词][冠形词]正式的，公式化的，程序化的，形式化的，模式化的	2
공식화	[名词]正式化，公式化，程序化，形式化，模式化	2
공신력	[名词]公信力，可信度，信用度	19
공연	[名词]演出	19
공을 들이다	下功夫	10
공전	[名词]公转	6
공정	[名词]工程，进程	5
과기정통부	科学技术信息通讯部（Ministry of Science and ICT）	2
과학적	[名词][冠形词]科学的	6
관례를 깨다	打破惯例	20
관측되다	[自动词]观察，预测	5
관측소	[名词]观测站	6
관측하다	[他动词]观察，预测	5
광물	[名词]矿物	6
광저우	[地名]广州	20
광활하다	[形容词]广阔，辽阔，宽广	20
교란되다	[自动词]搅乱，干扰，扰乱	12
교배하다	[他动词]配种	15
교신	[名词]通信，通讯，联系	6
교육열	[名词]对教育的热情，对教育的重视	10
교통 인프라	运输基本设施	5
교통체증	交通堵塞	5
구내식당식사비	食堂伙食费	1
구매력	[名词]购买能力	16
구성요소	[名词]构成要素	6
구찌	古驰（GUCCI）	16

续表

词汇	注解	课文序号
구축하다	[他动词]构建，建立（体制、体系等），构筑，搭建	14
구현	[名词]具体体现，展现	17
국가올림픽위원회연합	[专有名词]国家和地区奥委会协会，简称国际奥协（The Association of National Olympic，ANOC）	18
국가항천국	[专有名词]国家航天局（China National Space Administration，CNSA）	6
국제올림픽위원회	[专有名词]国际奥林匹克委员会（International Olympic Committee，IOC）	17
국제태권도연맹	[专有名词]国际跆拳道联盟（International Taekwon-Do Federation，ITF），1966年3月22日在韩国成立	17
굵직하다	[形容词]粗，很粗，粗大	20
귀추	[名词]结局，趋向，所向，发展	19
규명하다	[他动词]查明，澄清，查清	7
규슈보건복지대학	九州保健福利大学（Kyushu Nutrition Welfare University）+C197	4
규칙적	[名词][冠形词]规则的，规律的	7
그린시스	绿色梨，梨的一个品种	15
그치다	[自动词]停止，停留，止，保持	1
극소수	[名词]极少数	14
근원	[名词]根源，根本	1
근원 물가상승률	基本物价上涨率	1
금리	[名词]利息，利率	13
급격하게	急剧地	1
급증하다	[自动词]剧增，急增	16
기록적	[名词][冠形词]值得记录的，创纪录的	9
기리다	[他动词]称赞，称颂	20
기본기	[名词]基本功，基础技术	10
기상관측	气象观测	9
기여하다	[动词]做贡献	15
기재하다	[他动词]记载，登记	3
기준	[名词]标准，基准，准则	2

续表

词汇	注解	课文序号
기지국	[名词]基地站，地面站	2
기하학적	[名词][冠形词]几何学的	20
기획	[名词]策划	3
김연아	[人名]金妍儿，韩国花样滑冰女单选手，2010年温哥华冬奥会女单金牌获得者	17
까다롭다	[形容词]（为人）苛刻，难弄，挑剔	15
꺼내다	[他动词]掏出，吐露，袒露（心声）	10
껍질째 먹다	连皮吃	15
껑충	[副词]噌地，噌噌地，嗖嗖地	10
꼽히다	[被动词]被选为，被评为（"꼽다"的被动形式）	5
꾀하다	[他动词]谋求，策划，设计	20
끌어올리다	[他动词]拉上，提升，提高	16
끌어 모으다	萃集，招揽	4
ㄴ		
나뉘다	[被动词]被分开，被分割（"나누다"的被动形式）	16
나다	[自动词][他动词]生，长，出现	20
나란히	[副词]整齐地，平行地	18
낙방하다	[自动词]落榜，不及格，名落孙山	4
낙지	[名词]章鱼	1
난징	[地名]南京	20
날개	[名词]翅膀，机翼	5
날개 달아주다	如虎添翼	5
남북 단일팀	南北联合代表队	18
남짓	[依存名词]多点，有余	3
납부하다	[他动词]缴付，交纳	2
낳다	[他动词]生产，产下	12
내걸다	[他动词]打出，挂出，提出，树立	10
내내	[副词]自始至终，一直	1
내다	[辅助动词]以"-아/어 내다"的形式，表示将某一动作进行到底有了结果	20
내딛다	[他动词]卖出，踏出	20

续表

词汇	注解	课文序号
내림세	[名词]（物价或行情的）下降趋势，回落趋势，跌势	1
넋	[名词]灵魂	20
넋을 놓고	出神	20
노예	[名词]奴隶	11
노출되다	[自动词]暴露，裸露，泄露	12
녹다	[自动词]溶化，融化	20
녹여내다	[他动词]溶化出，融化出	20
녹이다	[使动词]使溶化，使融化（"녹다"的使动形式）	20
놀랍다	[形容词]令人吃惊，出人意料，意想不到	20
누리다	[他动词]享受，享用	2
눈길을 끈다	引起关注，抢眼	7
눈높이	[名词]眼光，分辨能力	15
눈에 띄다	显眼，抢眼	16
눈여겨보다	[他动词]注意看，留心看，细看	16
눈을 뜨다	领悟到，觉悟，认识到，懂得	20
느끼다	[他动词]感觉，感受，感到，体会到，觉察到	10
늘	[副词]经常，常常，时常	19
늘다	[自动词]（力量、势力等）增加，增长	4
늘어나다	[自动词]增加，增多，拉长	16
늘어서다	[自动词]排队，排列	16
ㄷ		
다분히	[副词]很大成分上，较多地，不少	20
단계적	[名词][冠形词]阶段性的	5
단말	[名词]终端	2
단일팀	[名词]联合代表队	17
단축시키다	[使动词]（时间、距离等）缩短，缩减	5
닫다	[自动词]奔跑，飞驰	11
닫히다	[被动词]关上，合上，关闭，扣上（"닫다"的被动形式）	11
달걀	[名词]鸡蛋	1
달다	[他动词]挂，帖，安装	5

续表

词汇	注解	课文序号
달리	[副词]不同，不一样，有别	11
달아주다	带上，牵线，挂上	5
달콤하다	[形容词]（味道）香甜，甜蜜	15
달하다	[自动词]达到（一定的标准、数量、程度等），抵达	5
달항아리	月亮缸	17
당	[依存名词]均，每，每一	5
당하다	[自动词]抵得住，遭遇，遭受，遇到	18
당혹스럽다	[形容词]困惑，为难	20
닿다	[自动词]到达（目的地），（消息）传达	5
대가	[名词]代价，补偿，报酬	2
대기업	[名词]大公司，大集团	3
대다수	[名词]大多数	14
대담하다	[形容词]胆大，大胆，勇敢	20
대뜸	[副词]立刻，马上	10
대사증후군	[名词]代谢症候群	7
대신	[名词]代替，而是；[副词]代替，代为	8
대안	[名词]备选方案，应对方案	4
대안 교과	替代型课程，教育方案	14
대안교육	替代型教育	14
대조군	[名词]对照组	12
대중음악	[名词]通俗音乐，大众音乐	19
대출	[名词]贷款，放贷，放债	13
대하다	[自动词]组成"에 대하여，에 대한"的结构使用，对，对于	9
더구나	[副词]尚且，况且，尤其，而且，加之	13
더불어민주당	共同民主党	14
더욱이	[副词]更加	19
덧붙이다	[他动词]附加，补充，添加	19
데시벨	[名词]分贝（decibel）	12
데이터	[名词]资料，数据	2
도맡다	[他动词]包办，承揽，承办，包揽	20
도시권역	城市地区	5

어휘 색인

续表

词汇	注解	课文序号
동원되다	[自动词]调动，动用，动员	19
동향	[名词]动向，趋势，走向	1
되도록	[副词]尽可能，尽量	8
둔화되다	[自动词]变缓，放慢，减缓	1
뒤잇다	[自动词][他动词]接下来，接着	17
드디어	[副词]终于，总算	20
드라쿨라 개미	吸血鬼蚂蚁（Dracula ant）	11
드러나다	[自动词]露出，显出，显示	20
드럭스토어	药妆店（drugstore）	4
드론	[名词]无人机	17
들려 있다	拎着，提着	16
들어서다	[自动词]走进，跨进，进入	5
등록금	[名词]学费	4
디자인 경영	设计经营	10
디자인 스튜디오	设计工作室	10
따지다	[他动词]追究，查明，盘问	4
때문	[依存名词]由于，因为	5
떠오르다	[自动词]浮上来，浮起，升上来	20
떨어뜨리다	[他动词]使……掉下，使……落下	8
뚜렷하다	[形容词]清楚，明显	16
띄우다	[使动词]使浮起，使升起（"뜨다"的使动形式）	17
띠다	[他动词]带有，系，扎	20
ㄹ		
라이프 스타일	生活方式	10
레전드급	传奇级别	19
로드맵	[名词]产品开发说明会	2
로켓	[名词]火箭	6
루브르 박물관	卢浮宫博物馆	20
루이비통	路易威登（LOUIS VUITTON）	16
리클라이너 소파	躺椅沙发	10
ㅁ		
마감하다	[他动词]终止，结束，收尾	5

· 163 ·

续表

词汇	注解	课文序号
마련	[依存名词]以"-게(기) 마련이다"的形式,表示当然形,规律性	8
마련하다	[他动词]准备，筹措，筹集	5
마무리하다	[他动词]收尾，结束，完成	20
마음껏	[副词]尽情地，全心全意地，诚心诚意地	2
마케팅	[名词]市场营销	10
만원대	一万韩元左右	16
만큼	[依存名词]表示程度和数量,表示相似的程度或限度;[助词]表示相似的程度或限度	8
만하다	[辅助形容词]用于语尾"-(으)ㄹ"后面,表示值得,可以,和……一样	3
망설이다	[他动词]犹豫，迟疑，举棋不定	16
맞은편	[名词]对面，对过（儿）	20
맡기다	[他动词]托付，交给	20
맡다	[他动词]担负，担任，担当，承担，承包，寄存	20
매사추세츠공대	麻省理工学院（Massachusetts Institute of Technology, MIT）	20
매장을 열다	开设柜台，开店	10
매출액	[名词]销售额	10
메타분석하다	[动词]整合分析，综合分析	8
메탄	[名词]甲烷，沼气	9
멜론뮤직어워드	甜瓜音乐奖（Melon Music Awards）	19
명불허전	[名词]名不虚传	19
명성	[名词]名声，名望	19
명실상부	[名词]名副其实	19
명징하다	[形容词]清澈，明亮	20
명품관	名品馆	16
모더니즘 건축가	现代主义建筑家	20
모션베드	运动床	10
모양새	[名词]模样，形状，样子	20
목수	[名词]木匠，木工	12
무관하다	[形容词]无关联，没关系	13
무려	[副词]足足，足有，竟（达）	15

续表

词汇	注解	课文序号
무렵	[依存名词]时候，时分	20
무이자	[名词]无利息	13
무인 우주선	无人宇宙飞船	6
무척	[副词]很，相当，非常，十分	20
문턱	[名词]门槛	4
물다	[他动词]咬，叮，含	11
뭉치다	[自动词]凝聚，凝结，团结	18
미미하다	[形容词]微不足道，微乎其微，无足轻重，微弱	12
미세 구조	精细结构，细微结构	11
미숙아(이른둥이)	[名词]足月前婴儿（早产儿）	12
미스 반데로어	[人名]密斯·凡·德·罗（Ludwig Mies van der Rohe），德国建筑师	20
미스트리움 카밀래	卡米拉迷猛蚁（Mystrium camillae）	11
미인정 유학	不认可的留学	14
믹스커피	[名词]速溶咖啡	7
민•관	[名词]民、政	2
밀레니얼	[名词]新千年一代，千禧一代	16
ㅂ		
바라보다	[他动词]凝视，注释，注视，观察	20
바탕	[名词]（事物或现象的）基础，根基，根本	20
반면	[名词][副词]相反，然而，但是，反之	1
발개위	[专有名词]中华人民共和国国家发展和改革委员会，简称发改委	5
발견하다	[他动词]发现，发觉	20
발병률	[名词]发病率	7
발사	[名词]发射	6
발사하다	[他动词]发射，开	2
발휘하다	[他动词]发挥	5
밝히다	[他动词]宣布，公布，照亮	2
방침	[名词]方针，政策	5

续表

词汇	注解	课文序号
방탄소년단	防弹少年（Bangtan Boys，BTS），韩国男子演唱组合名称	19
방향을 틀다	转变方向	1
배가시키다	[使动词]使加倍	19
배부하다	[他动词]发行，分发	2
배출하다	[他动词]培育，培养	17
백호	[名词]白老虎，白虎	17
밴쿠버동계올림픽	温哥华冬奥会	18
번영	[名词]繁荣	11
번영을 누리다	享受繁荣	11
벌렌사이가	巴黎世家（BALENCIAGA）	16
벌어지다	[自动词]张开，展开，摆开，进行	11
베일	[名词]面纱，面罩	6
변신하다	[自动词]改头换面	10
변호하다	[他动词]辩护	20
변환하다	[动词]变换，改变，转变，转换，变迁	2
별	[后缀词]按（不同对象）	1
보다	[副词]更，再，更加；[助词]（附于体词之后，表示比较的对象）比，较	5
보듬다	[他动词]拥抱	14
본토	[名词]本地，大陆	20
부리다	[他动词]使唤，操纵	11
부산자유학교	釜山自由学校	14
부상하다	[自动词]上升，飞跃，浮起	16
부속지	[名词]附属品，零件	11
부적응	[名词]不适应	14
북극	[名词]北极	9
북적	[名词]热热闹闹，人来人往	16
분	[后缀词]份儿	2
분비	[名词]分泌	12
분야	[名词]领域，部门，方面	18
분포	[名词]分布	9
불구하다	[自动词]不顾，不管，尽管	20

续表

词汇	注解	课文序号
불규칙성	不规则性，无规律性	20
불기둥	[名词]火柱	17
불리다	[被动词]被叫去，点名（"부르다"的被动形式）	20
불이익	[名词]没有好处，无利，无益	13
불티	[名词]火花，导火索	15
불티나다	畅销	15
불합리하다	[形容词]不合理	13
불황	[名词]不景气	16
브랜드	[名词]品牌，商标	10
브리티쉬 저널 오브 뉴트리션	[期刊名]*British Journal of Nutrition*	7
비교 위험도	相对危险度（Relative Risk，RR）	12
비롯하다	[自动词][他动词]始于，出于，以……为首	16
비만	[名词]肥胖	7
비중	[名词]比例，比重	3
비행하다	[他动词][自动词]飞行	6
빚다	[他动词]打，做	20
빚어내다	[他动词]打出，做出	20
빛나다	[自动词]闪烁，闪耀	20
빠뜨리다	[他动词]使……沉入，使……陷入	19
뻗다	[他动词]张开，伸开，伸展	20
ㅅ		
사례	[名词]事例，实例	14
사로잡다	[他动词]抓住，迷住，吸引住	15
삭스슈즈	袜子鞋	16
산업화	[名词]产业化	9
살구	[名词]杏	15
살리다	[使动词]救活，挽救，使……活（"살다"的使动形式）	14
살아나다	[自动词]复生，活过来，摆脱困境	4
살펴보다	[他动词]仔细查看，仔细观察	20
3차원	三维	11

续表

词汇	注解	课文序号
상대적	[名词][冠形词]相对的	4
상승률	[名词]上涨率，上升率	1
상승폭	[名词]涨幅	1
상용화	[名词]商业化	2
상큼하다	[形容词]（气味、滋味）清香	15
상하이	[地名]上海	20
상환	[名词]抵还，偿还	13
생활권	生活圈	5
샤넬	香奈儿（CHANEL）	16
샤인머스캣	青葡萄的一个品种，又名"杧果葡萄""贵族葡萄"	15
샹산호텔	香山宾馆	20
석 달	三个月	1
선뜻	[副词]欣然地，痛快地，爽快地	16
선보이다	[使动词]展示，公开，亮相（"선보다"的使动形式）	10
선사하다	[他动词]献给，馈赠	19
선서	[名词]宣誓	17
선언	[名词]宣言，声明	20
선언하다	[他动词]（国家或集团）宣布，宣称，公布，声明	2
선정되다	[自动词]被选定	19
선정하다	[他动词]选定	19
선택지	[名词]选择，备选答案，选项	5
섭취하다	[他动词]摄取，摄入	7
성분	[名词]成分	6
성원	[名词]鼓励，鼓舞，激励	19
성장세	[名词]增长势头	1
성향	[名词]趋势，趋向，嗜好	16
성화대	[名词]火炬台，圣火台	17
성화봉	[名词]火炬，圣火棒	17
세계기상기구	[专有名词]世界气象组织（World Meteorological Organization，WMO）	9

续表

词汇	注解	课文序号
세계태권도연맹	[专有名词]世界跆拳道联合会（World Taekwondo Federation，WTF），1973年5月28日在韩国成立	17
센세이션	[名词]兴奋，煽动，议论，轰动一时	20
센세이션을 일으키다	引起轰动	20
소감을 밝히다	发表想法、感想、获奖感言	18
소득 분위	收入等级	13
소비량	[名词]消费量	7
소비자물가	居民消费价格指数	1
소속사	[名词]隶属的单位，所属公司	18
소요되다	[自动词]需要，所需	5
소음	[名词]噪音	12
소재	[名词]素材，题材	20
소치동계올림픽	索契冬奥会	18
소품	[名词]小物件	16
솟구치다	[自动词]喷出，奔涌而出	17
솟대	[名词]长杆	17
송출	[名词]（电、气、电波、信息等的）发送，传送	2
쇼트트랙	[名词]短道速滑	18
숀 화이트	[人名]肖恩·怀特（Shaun White），美国单板滑雪运动员	18
수면	[名词]睡眠	
수산물	[名词]水产品	1
수상	[名词]获奖，得奖，领奖	18
수상자	[名词]获奖者	19
수송	[名词]运输	5
수여되다	[自动词]被授予，被颁发	19
수정 구슬	水晶球	17
수주하다	[他动词]接受订货，接订单	20
수준	[名词]水准，水平，标准，程度	1
수차례	[名词]数次，多次	20
수행하다	[他动词]执行，完成	6
수험생	[名词]考生，应考生	4

续表

词汇	注解	课文序号
숙면	[名词]熟睡，酣睡，沉睡，深度睡眠	8
숙면을 취하다	进入深度睡眠	8
스노보드	[名词]单板滑雪运动	18
스웨덴	[地名]瑞典	12
스타	[名词]明星，名将	18
스태프	[名词]编导人员，制作人员	19
스터디하다	[动词]学习	10
스테이지 오브 더 이어	年度舞台奖（Stage of the Year）	19
스톡홀름	[地名]斯德哥尔摩	12
스트레스	[名词]压力，紧张	7
'스포츠를 통한 희망 고취'상	通过体育运动激发希望奖（Inspiring Hope through Sport Award）	18
스포츠 의학	[期刊名]*Sports Medicine*	8
스포츠웨어	运动服	16
스프링	[名词]弹簧	11
승부	[名词]胜负，输赢，高低	10
승산	[名词]胜算，把握	10
시리즈	[名词]系列，丛书，丛刊，文库	10
시범단	[名词]表演团，示范团	17
시상식	[名词]颁奖仪式，颁奖典礼	18
시스템	[名词]系统	3
시중은행	[名词]商业银行	13
시창	[地名]西昌	6
식료품	[名词]食品原料	1
식이	[名词]饮食，食物	7
신용유의자	个人征信不良记录的一种，叫不良信用观察者。信用不良者登记制度已于2005年被废除，之后信用不良者按信用等级改名为金融债务不履行者和不良信用观察者	13
신장률	[名词]增长率，增幅	16
신화를 탄생시키다	神话诞生	19
신화통신	[专有名词]新华通讯社	6

续表

词汇	注解	课文序号
싣다	[他动词]装载，搭乘，登载	6
실리다	[被动词]被刊登，被登载，被装载("싣다"的被动形式)	7
심근경색	[名词]心肌梗死	7
심도	[名词]深度	20
심장 박동 수	心率	8
심장부	[名词]心脏部位，核心，要害，中枢	20
싱글 금메달	单人金牌	18
싸이언스 오브 더 토탈 인바이론먼트(종합환경과학)	[期刊名]Science of the Total Environment	12
썰매	[名词]雪橇	17
썸머킹	夏季苹果，苹果的一个品种	15
쏟아져 내리다	[动词]飞泻	20
쑤저우	[地名]苏州	20
쑤저우 박물관	苏州博物馆	20
쓰촨성	[地名]四川省	6
씩	[后缀词]各，各为，均为	16
ㅇ		
아낌없이	[副词]不惜一切地，不遗余力地，毫不吝啬地	16
아리아나 폰타나	[人名]阿莉安娜·方塔纳（Arianna Fontana），意大利女子短道速滑运动员	18
아우르다	[他动词]结合，联合，组合	20
'아웃스탠딩 퍼포먼스'상	杰出贡献奖（Outstanding Performance Award）	18
아이스하키	[名词]冰球	18
ICT	[专有名词]信息和通信技术（Information and Communication Technology）	17
아이콘	韩国男子演唱组合名称（iKON）	19
아티스트	[名词]艺术家	19
아현	[地名]阿岘，位于首尔市麻浦区	2
안뜰	[名词]里院，内院	20

续表

词汇	注解	课文序号
알려지다	[自动词]众所周知，传遍	12
알리바바	阿里巴巴	10
알바몬	韩国兼职网络公司（Albamon，隶属 Job Korea）	3
알아보다	[他动词]调查，了解，分辨	12
앞서	[副词]先，前，先前，事先，事前	2
앤드류 수아레즈	[人名]安德鲁·苏亚雷斯（Andrew Suarez），伊利诺伊州大学生物学及昆虫学教授	11
야근	[名词]夜班	3
약학대학 입문 자격시험	药学院入门资格考试（Pharmacy Education Eligibility Test，PEET）	4
양궁	[名词]射箭	17
양극화	[名词]两极分化	16
양상	[名词]状态，样子，面貌，情况	16
양정중학교	杨亭中学（釜山）	14
어글리슈즈	丑鞋	16
어워즈	[名词]大奖，奖项	18
어쩌면	[副词]也许，可能	20
엄밀히	[副词]严谨地，严密地	20
엄청나다	[形容词]过分，过度，过于	11
업계	[名词]行业，业界	16
없이	[副词]没有，无	14
SNS	社交网络服务（Social Networking Services）	15
여가생활	业余生活，休闲生活	10
여부	[名词]与否，是否	3
여왕	[名词]女王	18
여제	[名词]女帝，女王	19
역대	[名词]历届，史无前例，史上	9
역할하다	发挥作用，起作用	6
연봉	[名词]年薪	4
연착륙하다	软着陆	6
연체	[名词]延误，拖延	13
연체하다	[他动词]延误，拖延	13

续表

词汇	注解	课文序号
열기를 더하다	气氛高涨，热情高涨	17
열풍이 불다	刮起热潮，盛行	15
영감	[名词]灵感	20
영향력을 행사하다	发挥影响，施加影响	19
예방시스템	预防系统	14
예비	[名词]预备	4
예정	[名词]预定，计划，打算	2
5세대	第5代	2
오륜기	[名词]五环旗	17
오프라인	[名词]离线，脱机，实体	16
오프라인 매장	实体店	10
온난화	[名词]变暖现象，温室效应	9
온실가스	[名词]温室气体	9
올	[名词]今年	16
올 들어	今年以来	16
올댓스포츠	金妍儿所属经纪公司（All That Sports）	18
올림피언	奥林匹克运动员	18
와이파이	[名词]无线网（Wi-Fi）	2
완화	[名词]缓和，减轻	13
용접공	[名词]焊接工	12
운석 충돌구	陨石撞击坑	6
운영취지	运营宗旨	14
움직이다	[自动词][他动词]动，搬动，移动	11
움직임	[名词]活动，动作	11
웅녀	[名词]熊女	17
워너원	韩国男子演唱组合名称（Wanna One）	19
원리금	[名词]本利，本息	13
월등히	[副词]超级，超群，不寻常，不一般	14
웬만하다	[形容词]尚可，还可以，说得过去，差不多	11
웰메이드	制作精良（的产品）	19
위엄	[名词]威严	19
위축되다	[自动词]萎缩	16

续表

词汇	注解	课文序号
위탁	[名词]委托，托付	14
윌리엄 시겐도르프	[人名]威廉·柴根道夫，纽约房产巨商	20
유교문화권	儒教文化圈	10
유년시절	幼年时代，童年时光	20
유리 피라미드	玻璃金字塔	20
유망주	[名词]体坛新秀	17
유연성	[名词]灵活性，弹性，柔韧性	3
유영민	[人名]俞英民（音译），韩国科学技术信息通讯部部长	2
유일무이	[名词]独一无二	19
유입시키다	[使动词]（资金、产品）流入，（知识、思想）传入	5
유치	[名词]申办，（资金、活动、会议等的）吸引	18
유통	[名词]流通	10
유통산업	流通产业	16
유형	[名词]类型，种类	3
육성하다	[动词]培养，培育	15
윤병준	[人名]尹炳俊，Job Korea 社长	3
융합하다	[自动词][他动词]融合，结合	20
응답군	应答群体	3
응시	[名词]应考，应试，报考	4
의사	[名词]意向，想法，念头	3
의외로	[副词]意外地，出人意料地	11
2관왕	2连冠	19
이례적	[名词]例外，破例，超出常规	20
이르다	[自动词]抵达，到达，达	7
이매진	平昌冬奥会主题曲《想象》	17
이산화질소	[名词]二氧化氮	9
이산화탄소	[名词]二氧化碳	9
이선희	[人名]李仙姬，1964年出生于忠清南道保宁市，韩国歌手、制作人	19
이슬람 문화	伊斯兰文化	20
이슬람 예술박물관	伊斯兰艺术博物馆	20

续表

词汇	注解	课文序号
이어	[副词]继而，接着，随即	3
이어가다	[他动词]延续，接续	16
이어지다	[自动词]相接，接上，连上	7
이오 밍 페이	[人名]贝聿铭（Ieoh Ming Pei），美籍华人建筑师	20
이용약관	使用条款	2
이질적	[名词][冠形词]不同的，相异的	20
이처럼	[副词]这样，如此	20
이희범	[人名]李熙范，平昌冬奥组委会主席	17
인공위성발사센터	卫星发射中心	6
인대	[名词]韧带	11
인사를 나누다	互致问候	17
인사총무	[名词]人事，总务	3
인상	[名词]抬高，上涨，增加	1
인정받다	得到认可	10
인프라	[名词]基础设施	2
인하	[名词]降低	13
일룸	怡伦家具公司（ILOOM），隶属福喜世集团	10
일리노이대학	伊利诺伊州大学（Illinois State University，ISU）	11
일원화하다	[自动词][他动词]一元化，统一，并轨	13
임무	[名词]任务	6
임산부	[名词]孕妇	12
임상데이터	临床数据	7
입소문을 타다	口口相传	15
입증하다	[他动词]举证，证明	19
잇따르다	[自动词]跟随，跟着	16
ㅈ		
자궁	[名词]子宫	12
자동차용 LPG	[名词]汽车用液化石油气	1
자두	[名词]李子	15
자릿수	[名词]位数	16
자부심	[名词]自信心，自豪感	10
자서전	[名词]自传	20

续表

词汇	注解	课文序号
자아내다	[他动词]勾起，激起，引起	19
자유로이	[副词]自由地	3
자유무역구	自由贸易区	5
자율성	[名词]自主性，自律性	3
자전	[名词]自转	6
작물	[名词]农作物	11
잠재력	[名词]潜力	5
잠정	[名词]（用于部分名词之前）暂定，暂行，临时	9
잠정보고서	临时报告书	9
잡다	[他动词]抓，逮住，捕捉，接	11
잡코리아	韩国就业网络公司（Job Korea）	3
잡히다	[被动词]被抓住，被握住（"잡다"的被动形式）	11
장기화되다	[自动词]长期化	1
장식하다	[他动词]装饰，打扮，书写	18
장전하다	[他动词]装备，装弹	11
장치	[名词]装置，举措	14
재배하다	[他动词]栽培	11
재벌	[名词]财阀，富翁，财团	20
쟝혜	[人名]张熇,中国航天科技集团有限公司空间技术研究院嫦娥四号探测器项目执行总监	6
적발	[名词]检举，披露，揭发	13
적절하다	[形容词]适当，合适，恰当	20
전년대비，전년비	同比，与去年同期相比	1
전망	[名词]前景，前途	2
전문직	[名词]专职	3
전반적	[名词][冠形词]全面的，全盘的	1
전석 매진	门票全部售罄	19
전월비，전년동월대비	同比，与去年同期相比	1
전파	[名词]电波	2
전파인증	[名词]电磁波认证	2
전패	[名词]（战斗，比赛）全败，皆输	18

续表

词汇	注解	课文序号
전패를 당하다	遭遇全败	18
전하다	[他动词]传达，传递，流传，转交，转给	19
전해지다	[自动词]传到，传入，传来	19
절묘하다	[形容词]绝妙，妙不可言	20
절반	[名词]一半，对半	3
절지동물	[名词]节肢动物	11
점검하다	[他动词]检查，清点	14
점쳐지다	[自动词]算命，预测，预计	19
점치다	[他动词]算命，预测，预计	19
점화되다	[自动词]点火	17
정비	[名词]整顿，整改，维护，修理	14
정선미	[人名]郑善美（音译），联合新闻TV的记者	15
정수	[名词]精髓，精华	20
정자	[名词]亭子	20
정체성	[名词]本质，特性	20
제니 샐린더	[人名]珍妮·塞兰德（Jenny Selander），卡罗琳医学院环境医学系教授	12
제약	[名词]制约，限制，规定	3
제외	[名词]除外	1
제유진	[人名]齐优贞（音译），庆熙大学食品营养学系教授	7
조산위험	早产危险	12
조성하다	[他动词]建成，制造，造成，构建，设置	2
조절하다	[他动词]调节，调整，调控	3
조직위원장	组委会委员长	17
조철호	[人名]赵喆镐，釜山市议会议员，所属共同民主党	14
주관식	[名词]主观式	3
주도하다	[他动词]主导，引领	17
주목되다	[自动词]受关注，被关注	19
주목하다	[他动词]关注，注目	12
주문자상표부착생산	代工（生产），原始设备制造商（original equipment manufacturer，OEM）	10
주어지다	[自动词]具备，被赋予，具有	4

续表

词汇	注解	课文序号
주파	[名词]走完，跑完	5
주파수	[名词]频谱	2
줄	[名词]绳	16
줄다	[自动词]减少，缩小	8
줄줄이	[副词]连续地，接连不断地	1
중견기업	[名词]骨干企业	3
중계 위성	中继卫星	6
중계소	[名词]中转站	6
중고 시장	二手市场	10
중국 출신	来自中国	20
중단	[名词]中断	14
중소기업	[名词]中小企业	3
중위소득	中等收入，中产阶级	13
중장거리	中长距离	5
즈음	[冠形词]时，际，时间，时候	19
즉	[副词]即，就是，也就是	20
지구 온난화	地球变暖	9
지니다	[他动词]携带，拥有，具有	11
지바과학대학 약학대학	千叶科学大学药学院（Chiba Institute of Science）	4
지방간	[名词]脂肪肝	7
지수	[名词]指数	1
지연배상금	延期赔偿金	13
지적하다	[他动词]指出，指明，指责	3
지점	[名词]地点，支店	6
지향하다	[他动词]向往，朝向，朝着	10
지형	[名词]地形	6
직군	[名词]职业群体	12
직무	[名词]职务	3
직장인	[名词]上班族，工薪族	3
직접 정보	直接数据，直接资料	6
진딧물	[名词]蚜虫	11

续表

词汇	注解	课文序号
진로교육	前途教育	14
진입하다	[自动词]进入	6
질감	[名词]质感	20
질병	[名词]疾病	14
집게 턱 개미	大齿猛蚁，锯针蚁（Tran-jaw ant）	11
집계되다	[自动词]合计，总计，共计	3
집대성하다	[他动词]集成，集……之大成	20
집세	[名词]房租	1
째	[后缀词]整	15
ㅊ		
차라리	[副词]不如，干脆	4
차를 느끼다	感到差距	18
차림	[名词]打扮，穿戴，装束	16
차용하다	[他动词]借用	20
차지하다	[他动词]占有，占据	14
차츰	[副词]逐渐，渐渐地	20
착륙하다	[自动词]着陆	6
착수하다	[他动词]开始做，着手	5
착실하다	[形容词]充足，充分，充实	2
찬가	[名词]颂歌	17
찬란하다	[形容词]灿烂，绚烂	20
참고	[名词]参考，借鉴	20
채소류	蔬菜类	1
천문	[名词]天文	6
천장	[名词]吊顶，天花板	20
첫발을 내딛다	迈出第一步	20
초래하다	[他动词]招来，导致	13
초미	[名词]火烧眉毛，紧迫，燃眉，十万火急	19
초미의 관심	高度关注	19
초점이 맞춰지다	对准焦点	5
초창기	[名词]初期，最初	20
촉구하다	[他动词]敦促，催促	14

续表

词汇	注解	课文序号
총괄 책임자	执行总监，总负责人	6
총력	[名词]全力	2
최고치	[名词]最高值	9
최고치를 찍다	创历史新高	9
최다유료 관객 동원	最多观看人数	19
최신호	[名词]最新一期	8
최저임금	最低工资标准	1
추세	[名词]趋势	16
추이	[名词]变迁，演变，发展，变化	19
추진실태	推进情况	13
축	[名词]轴，中心；[依存名词]辈，类	16
축산물	[名词]畜产品	1
축소하다	[他动词]缩减，缩小	1
출시되다	[自动词]上市	2
출시하다	[他动词]上市	16
출하하다	[动词]发货，出厂，投放市场	15
충고하다	[动词]忠告	8
췌차오	[专有名词]鹊桥，是嫦娥四号月球探测器的中继卫星	6
취리히연방공과대학	苏黎世联邦理工学院（Swiss Federal Institute of Technology Zurich，ETH）	8
취약하다	[形容词]脆弱，薄弱，软弱	12
취임하다	[自动词]就任，就职，上任	10
취하다	[他动词]获取，采取	8
치러지다	[自动词]举办	4
치르다	[他动词]考，应付，处理，操办	4
치명적	[名词][冠形词]致命的	11
ㅋ		
카페인	[名词]咖啡因	7
칼로린스카 의대	卡罗琳医学院（Karolinska Institutet）	12
KTX	韩国高铁（Korea Train Express），首尔-釜山段全长410公里，1992年6月30日动工兴建，2004年4月1日投入运行，最高时速可达300多公里	11

续表

词汇	注解	课文序号
코르티솔	[名词]皮质醇	7
콘크리트	[名词]混凝土	20
콜라보레이션(협업)	合作公司生产的商品	16
크리스티나 스펭글러	[人名]克丽丝蒂娜·斯宾格勒（Christina M. Spengler），苏黎世联邦理工学院运动生理学实验室主任	8
큰손	[名词]贵宾，贵客，大户	16
클라이맥스	[名词]顶点，高峰，最高点	19
킨텍스	韩国国际展览中心，位于高阳市	19
킬로칼로리	[名词]大卡，千卡	7
ㅌ		
탄생시키다	[使动词]使诞生	19
탄성	[名词]弹性	11
탐사선	[名词]探测器	6
탐색하다	[他动词]探索，探寻，打探	20
탓	[名词]过错，过失，错误	6
태블릿	[名词]平板	2
택하다	[他动词]选择	4
터널	[名词]隧道	5
턱	[名词]颚，下巴	11
테두리	[名词]范围，周围	14
테마	[名词]主题，主旋律，题目	17
토마스 바흐	[人名]托马斯·巴赫（Thomas Bach）	17
토양	[名词]土壤	6
통계적	[名词][冠形词]统计的	8
통계청	[名词]统计厅，统计局	1
통보하다	[名词]通报，通告	13
투박하다	[形容词]粗糙，粗里粗气	16
투어	[名词]旅游，观光，巡演，巡赛	19
튕기다	[他动词]弹回，溅起，迸出	11
특수직	[名词]特殊职业	3
특정	[名词]特定	3

续表

词汇	注解	课文序号
TM 고객상담	商标咨询服务	3
티켓 파워	票房号召力	19
티켓파크	韩国售票网站	19
팅클팝 피넛책상	升降花生型书桌	10
ㅍ		
파악하다	[他动词]把握,掌握	11
파프리카	[名词]甜椒,红辣椒粉	1
패딩	[名词]羽绒服,棉服	16
퍼시스그룹	福喜世集团(FURSYS),韩国专业家具公司,创立于1983年,是家具业中唯一入选2009年《福布斯》杂志亚洲200大有希望企业的上市公司,旗下三大品牌:FURSYS、ILOOM、SIDIZ	10
펜디	芬迪(FENDI)	16
편차	[名词]偏差,误差	9
펼쳐지다	[自动词]展开,打开,铺开,展示,展现	17
펼치다	[他动词]展开,打开,铺开,展示,展现	17
평년	[名词]往年,平年	9
폐쇄성 수면 무호흡증	阻塞性睡眠呼吸暂停综合征	7
포인트	[名词]关键,核心,得分,点	1
포털	[名词]门户网站	3
폭	[名词]直径	6
폰 카르만 크레이터	[专有名词]冯·卡门环形山(Von Kármán crater)	6
풀이되다	[自动词]解释,被理解	16
프랜차이즈	[名词]特许经销权,专卖权	1
프로젝트	[名词]研究项目,科研项目	6
프리미엄	[名词]高价	16
프리미엄 패딩	优质羽绒服	16
프린스 호텔	太子酒店	18
프림	[名词]咖啡伴侣	7
플럼코트	李子杏(plumcot),是一种李子和杏的杂交水果	15
피겨	[名词]花样滑冰	18

续表

词汇	注解	课文序号
피겨 스케이팅	[名词]花样滑冰	18
피날레	[名词]最后乐章，大结局	17
피하다	[他动词]避开，躲避，忌讳	8
핑계	[名词]借口	8
ㅎ		
하락세	[名词]下降趋势	1
하락폭	[名词]下降幅度	1
하락하다	[自动词]下落，价格下跌	1
하버드대	哈佛大学（Harvard University）	20
학자금	[名词]贷学金，助学贷款	13
학적	[名词]学籍	14
한 자릿수	个位数	16
한국약학교육평가원	韩国药学教育评价院	4
한동안	[名词]一些时候，一个时期	6
한정판	[名词]限量版	16
한탄하다	[动词]叹息	8
한편	[名词]同时，另一方面	2
할당	[名词]分担，分摊	2
합심하다	[自动词]齐心，同心，一条心	2
합하다	[自动词]合并，合一，归并	5
해빙면적	海冰面积	9
해외 진출 현황	国际市场开拓现状	10
해저	[名词]海底	5
핸드볼	[名词]手球	17
햇살	[名词]太阳光线	19
행보	[名词]步子，步伐，（向着目标）努力，前进	19
행사 전용시설	活动专用设施	17
행사하다	[自动词]行使	19
행정 사무 감사	行政事务监察	14
혁명적	[名词][冠形词]革命的，革命性的	20
현황자료	现状资料	14
혜택	[名词]优惠，恩惠	5

续表

词汇	注解	课文序号
호르몬	[名词]荷尔蒙	7
홋카이도의료대학	北海道医疗大学（Health Sciences University of Hokkaido）	4
홍보대사	[名词]宣传大使，形象大使，代言人	18
화교	[名词]华侨	20
확률	[名词]概率	7
활동하다	[自动词]活动，行动，活跃	18
활발히	[副词]活跃，兴旺	10
황제	[名词]皇帝	18
황홀하다	[形容词]辉煌灿烂，晃眼，富丽堂皇	20
횟수	[名词]次数	7
휘발유	[名词]汽油	1
휠라	斐乐(FILA)	16
흐름	[名词]进程，流动，潮流	16
흔하다	[形容词]多得很，很平常，常见，常有	10
흥미롭다	[形容词]饶有兴趣，津津有味	20
흥행	[名词]票房，上映，卖座	19

문법 및 문장 표현 색인

语法及句型索引

语法及句型	课文序号	语法序号	页码
ㄱ			
강조하다	14	4	102(4)
-거나	8	5	57(3)
-게 되다	20	2	149(8)
-게끔	15	2	108(1)
계기로	2	2	11(2)
-고자 하다	7	3	50(4)
-기	8	3	56(7)
-기 때문에	12	1	86(11)
-기 마련이다	8	4	57(1)
-기 바라다	20	13	153(1)
-기 위해(서)	13	2	94(6)
-기도 하다	17	3	124(3)
-기로 하다/결정하다	19	4	139(1)
기록하다	9	5	65(2)
-기에	20	3	150(1)
기준	10	6	76(5)

续表

语法及句型	课文序号	语法序号	页码
까지	10	5	73(16)
-껏	2	1	11(1)
ㄴ			
-ㄴ/은/는 가운데	3	1	19(3)
-ㄴ/은/는 것으로 나타나다	9	4	64(8)
-ㄴ/은/는 수준	9	3	63(2)
-ㄴ/은/는 편	15	6	109(4)
-나요	20	9	152(1)
-네요	20	7	151(1)
눈길을 끌다	7	5	51(1)
-는 데 총력 다 하다/최선을 다 하다/도움을 주다/도움이 되다	2	4	12(4)
-는 바람에	13	3	95(1)
-는 추세	16	7	116(1)
-는 터	19	2	138(1)
-는가요, -(으)ㄴ가요	20	8	151(2)
-는/ㄴ/은/ㄹ/을 셈	20	12	152(1)
-는데	4	2	27(6)
-는데다	15	3	108(1)
-는지, -(으)ㄴ지, -(으)ㄹ지	10	3	71(5)
ㄷ			
-다가	6	3	44(2)
-다고 밝히다, -ㄴ/는다고 밝히다, -라고 밝히다	2	6	14(5)
-다고 전하다	9	2	63(2)
-다는 분석이 나오다, -다고 분석하다	16	4	115(2)
-다면, -는다면, -ㄴ다면	7	2	49(3)
대비	1	2	4(3)
대신	19	6	140(3)
-더라도	13	4	95(1)
-던	10	2	71(5)
-도록	6	1	42(3)

문법 및 문장 표현 색인

续表

语法及句型	课文序号	语法序号	页码
ㄹ			
-라(서)	16	1	114(2)
-라(고)	20	4	150(3)
-라는	8	1	55(8)
-라면서, -라며	4	3	28(4)
ㅁ			
마침표를 찍다	17	6	125(1)
만에	11	4	82(2)
만큼	8	2	56(4)
ㅂ			
박수와 함께 입장하다	17	5	125(1)
반면	1	7	6(2)
발견하다	11	6	82(1)
발표하다	8	6	57(2)
-별로는	1	3	4(3)
부터	10	4	72(9)
뿐	4	4	29(3)
ㅅ			
수준으로	4	6	30(1)
시키다	5	3	37(4)
ㅇ			
-아/어/여 있다	12	2	88(2)
-아/어/여지다	17	2	123(15)
-아도/어도/여도	20	5	150(2)
-아서/어서/여서	15	1	107(9)
-아야/어야/여야 하다	3	6	22(6)
-았다가, -었다가, -였다가	11	1	81(1)
-았던, -었던, -였던	10	1	69(10)
-았었/었었/였었-	19	5	139(2)
에 감동을 안기다	18	2	130(1)
에 그쳐	1	5	6(3)
에 기여하다	18	4	131(3)

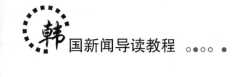

续表

语法及句型	课文序号	语法序号	页码
에 달하다	5	1	36(3)
에 대한, 에 대해(서)	9	1	62(9)
에 비해	1	1	4(2)
에 따라	1	4	5(7)
에 실리다	7	4	51(3)
에 영향을 미치다	12	3	88(3)
에 영향을 받아	1	6	6(1)
에 의해	17	1	122(1)
에 이르다	14	2	102(2)
에 이어	17	4	125(3)
에 있어서도	3	4	21(1)
에 큰 힘을 더하다	18	5	131(1)
에도 불구하고	20	14	153(1)
역사의 한 페이지를 장식하다	18	3	131(1)
연구결과가 나오다	12	4	88(2)
열풍이 불다	15	5	109(1)
와/과 관련	13	5	95(2)
와/과 달리	11	5	82(3)
-(으)ㄴ 결과	2	3	11(6)
-(으)냐고, -느냐고	14	1	101(2)
-(으)니(까)	4	1	27(3)
-(으)ㄹ 것으로 관측되다, -(으)ㄹ 것이라고 관측하다	5	4	37(5)
-(으)ㄹ 계획	4	7	30(4)
-(으)ㄹ 무렵(에)	20	11	152(1)
-(으)ㄹ 방침	5	5	38(2)
-(으)ㄹ 수 있다/없다	6	2	43(10)
-(으)ㄹ 예정	6	5	44(3)
-(으)ㄹ 전망	2	5	13(5)
-(으)ㄹ 정도로	15	4	108(2)
-(으)ㄹ만한	3	2	20(1)
-(으)ㄹ수록	7	1	49(3)

续表

语法及句型	课文序号	语法序号	页码
-(으)려는	4	5	29(2)
(으)로 꼽히다	5	2	36(3)
(으)로 보고 있다	16	6	116(1)
(으)로 보이다	16	5	115(2)
(으)로 인해	19	3	139(2)
(으)로 집계되다	13	6	96(2)
(으)로서	20	1	148(4)
은/는 물론	19	1	138(1)
N 을/를 N 으로/로	3	5	21(3)
을/를 밝히다/밝혀내다, 이/가 밝혀지다	12	5	89(3)
을/를 비롯해, 을/를 비롯한	16	3	115(2)
을/를 위해(서)	13	1	93(3)
(이)나	3	3	20(7)
이번이 처음이다	6	4	44(2)
이야말로	11	2	81(1)
-(이)자	18	1	130(2)
ㅈ			
-자면	20	6	151(1)
-지요/(이)지요	20	10	152(2)
지적하다/지적되다	14	5	103(3)
ㅊ			
차림	16	2	115(1)
처럼	11	3	81(4)
초미의 관심이 집중되고 있다	19	7	140(1)
촉구하다	14	3	102(1)
최고치를 찍다	9	6	65(1)
충고하다	8	7	57(1)
ㅌ			
통보하다	13	7	96(1)
ㅎ			
파악하다	11	7	83(2)

정답

参考答案

1 과	1. 1)
2 과	1. 3)
3 과	1. 4)
4 과	1. 2)
5 과	1. 4)
6 과	1. 2)
7 과	1. 3)
8 과	1. 4)
9 과	1. 1)
10 과	1. 3)
11 과	1. 4)
12 과	1. 2)
13 과	1. 1)
14 과	1. 3)
15 과	1. 2)
16 과	1. 3)
17 과	1. 4)
18 과	1. 2)
19 과	1. 1)
20 과	1. 4)

참고자료

参考资料

网站

[1] http://biz.chosun.com/site/data/html_dir/2018/12/31/2018123100525.html

[2] http://news.donga.com/List/3/08/20181130/93106025/1

[3] http://bizn.donga.com/List/3/all/20181017/92438426/1

[4] http://news.chosun.com/site/data/html_dir/2018/12/04/2018120400130.html

[5] https://news.joins.com/article/23171323

[6] http://news.chosun.com/site/data/html_dir/2018/12/08/2018120800940.html

[7] https://blog.naver.com/chjnkn/221416100869

[8] https://news.naver.com/main/ranking/read.nhn?mid=etc&sid1=111&rankingType=popular_day&oid=081&aid=0002963831&date=20181215&type=1&rankingSeq=1&rankingSectionId=105

[9] http://news.donga.com/List/3/08/20181130/93102827/1

[10] http://news.donga.com/List/CultureFashion/3/0724/20181106/92760078/1

[11] https://news.naver.com/main/read.nhn?mode=LSD&mid=shm&sid1=105&oid=081&aid=0002963821

[12] http://news.donga.com/List/3/08/20181201/93109623/1

[13] https://news.naver.com/main/read.nhn?oid=001&sid1=100&aid=0010524701&mid=shm&mode=LSD&nh=20181213155441

[14] https://news.joins.com/article/23143348

[15] https://news.naver.com/main/read.nhn?mode=LSD&mid=shm&sid1=101&oid=422&

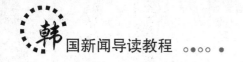

  aid=0000352124

[16] http://biz.chosun.com/site/data/html_dir/2018/12/10/2018121000318.html

[17] http://www.nocutnews.co.kr/news/4922298

[18] http://news.donga.com/List/SportsCombi/3/0501/20181129/93085218/1

[19] http://news.chosun.com/site/data/html_dir/2018/12/03/2018120300889.html

[20] https://m.post.naver.com/viewer/postView.nhn?volumeNo=17330924&memberNo=430 57900&vType=VERTICAL

[21] https://dict.naver.com/

书籍

[22] (韩)国立国语院. 最新韩国语语法(2)[M]. 权赫哲，尹敬爱，李民，等，译. 北京：民族出版社，2010.

[23] 许东振，安国峰. 韩国语实用语法词典[M]. 北京：外语教学与研究出版社，2009.

[24] 任晓丽，张文丽，李泰俊(韩). 标准韩国语语法[M]. 大连：大连理工大学出版社，2010.

[25] 刘沛霖. 韩汉大词典[M]. 北京：商务印书馆，2007.